ANATOLE CIRELLO JR.

VOCÊ VAI FICAR RICO

Vamos combinar o prazo?

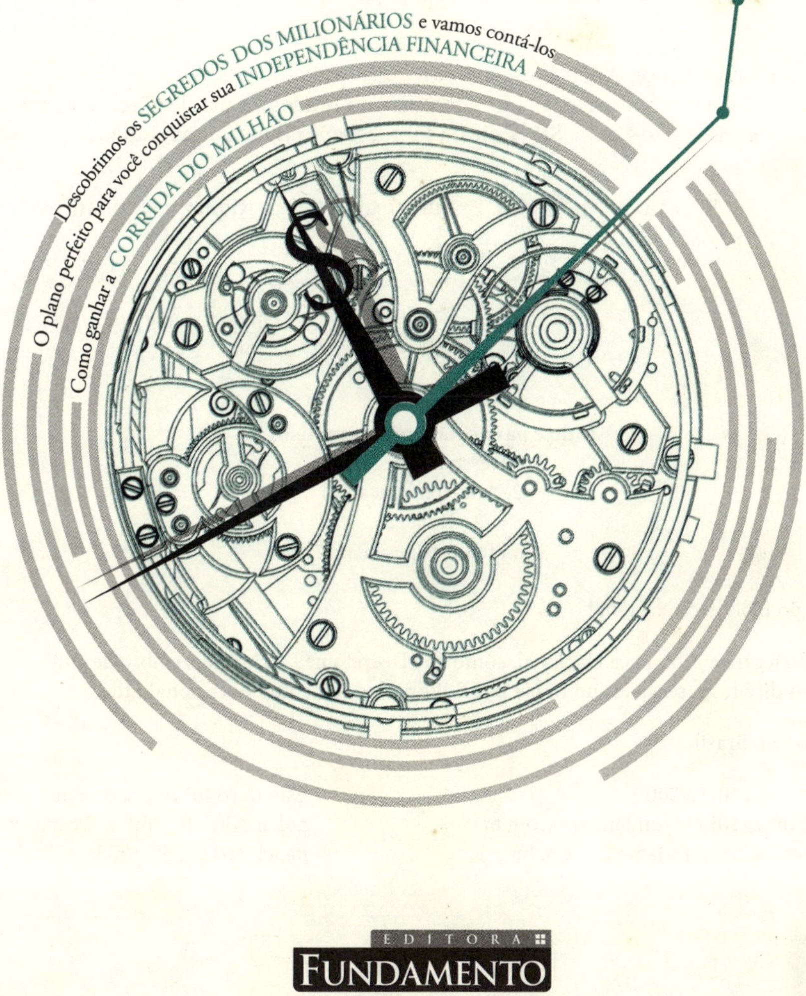

EDITORA FUNDAMENTO

2016, Editora Fundamento Educacional Ltda.

Editor e edição de texto: Editora Fundamento
Editoração eletrônica: TGK Comunic Ltda. (Marcio Luis Coraiola)
Lorena do R Mariotto Edição de Livros (Bella Ventura)
CTP e impressão: Patras Serviços Gráficos Eireli
Conceito de capa: Bruno Cirello
Arte de capa: Zuleika Iamashita
Imagem da capa fornecida pelo banco de imagens Shutterstock © shaziafolio

Dados Internacionais de Catalogação na Publicação (CIP)
(Maria Isabel Schiavon Kinasz)

Cirello Junior, Anatole
C578 Você vai ficar rico: vamos combinar o prazo? / Anatole Cirello Junior
- 1. ed. - São Paulo, SP : Editora Fundamento Educacional Ltda., 2016.

1. Sucesso nos negócios. 2. Autorrealização. 3. Riqueza. 4. Finanças pessoais. I. Título

CDD - 158.1 (22. ed.)
CDU - 336

Índice para catálogo sistemático:
1. Sucesso nos negócios
2. Autorrealização
3. Riqueza
4. Finanças pessoais

Fundação Biblioteca Nacional

Depósito legal na Biblioteca Nacional, conforme Decreto nº 1.825, de dezembro de 1907.

Impresso no Brasil

Telefone: (41) 3015 9700
E-mail: info@editorafundamento.com.br
Site: www.editorafundamento.com.br

Este livro foi impresso em papel pólen soft 80 g/m² e a capa em papel-cartão 250 g/m².

ATÉ AS ÁGUIAS PRECISAM DE UM EMPURRÃO

A águia gentilmente empurrou os filhotes para a beirada do ninho. Seu coração palpitava com sentimentos conflitantes ao sentir a resistência deles às suas cutucadas persistentes. "Por que a emoção de voar precisa começar com o medo de cair?", pensou. Essa pergunta eterna permanecia sem resposta para ela.

Como era tradição da espécie, o ninho da águia ficava no topo de uma saliência em um rochedo escarpado. Abaixo não havia nada além de ar para sustentar as asas de cada filhote. "É possível que desta vez não funcione?", ela pensou. Apesar do medo, a águia sabia que era chegada a hora. Sua missão materna estava quase completa. Só restava uma última tarefa: o empurrão.

A águia encontrou coragem em uma sabedoria inata. Até que os filhotes descobrissem as asas, não haveria propósito em suas vidas. Enquanto não aprendessem a voar, não conseguiriam entender o privilégio que era ter nascido uma águia. O empurrão era o maior presente que poderia lhes oferecer. Era seu supremo ato de amor. Então, um a um, ela os empurrou, e eles voaram!

Even Eagles Need a Push, David McNally[1]

"As pessoas de sucesso não são as mais espertas, mas sim as que são máquinas de aprender. Elas vão para a cama sempre um pouco mais sábias do que levantaram. Faça isso, principalmente se você tiver um longo caminho pela frente."

Charlie Munger, megainvestidor americano,
sócio de Warren Buffett

SUMÁRIO

PREFÁCIO

A águia é uma ave perspicaz e inteligente, símbolo de força, grandeza, majestade e independência. Mas, até mesmo uma águia, quando filhote, precisa de um "incentivo" para aprender a voar: um "empurrão" da mãe, à beira do abismo. Nós também às vezes precisamos de um empurrão que nos tire da inércia, uma força que nos mova em direção aos nossos objetivos. Que tipo de empurrão alguém precisa para escrever um livro? Eu, que vinha há anos adiando meu projeto de escrever, recebi o meu ao ler o best-seller de John Green *A culpa é das estrelas*, posteriormente transformado em filme. O livro conta a história de Hazel, uma jovem de 16 anos que desde os 13 anos sofre com um câncer na tireoide, que evoluiu para uma metástase. Hazel precisa de um cilindro de oxigênio para viver, o simples ato de respirar exige dela grande esforço. Ela sabe que não vai viver muito tempo, mas, mesmo assim, leva uma vida normal: estuda, namora e vive cada dia como se fosse o último. O que essa história tem a ver com este livro? Ela dá uma chacoalhada na zona de conforto dos leitores de *A culpa é das estrelas*, entre os quais me incluo. Hazel mostra o quanto é importante valorizar cada momento da vida e lutar pelos nossos projetos – e que não temos o direito de deixar que as dificuldades do dia a dia atrapalhem ou adiem nossos sonhos e projetos. Com o empurrão de Hazel, comecei a escrever, mesmo sabendo que as estatísticas não são nada favoráveis para o universo dos escritores. Rolf Dobelli[2], no seu brilhante *A arte de pensar claramente*[2], é categórico a esse respeito. Segundo ele, "por trás de todo escritor de sucesso escondem-se outros cem, cujos livros não são vendidos (...), mas nós só ouvimos falar dos bem-sucedidos e desconhecemos quão improvável é o sucesso de um escritor". Não pense que me intimidei com todo esse ceticismo de

Dobelli. O empurrão de Hazel foi mais forte e, assim, resolvi colocar ainda mais energia nesse projeto.

Para escrever *Você vai ficar rico*, consultei vários livros e fiz muita pesquisa para enriquecer meu conhecimento sobre assuntos mais específicos. Minha vivência em *private banking* foi importante para construir certas narrativas. Vasculhei a vida e a história da riqueza de muitos multimilionários e bilionários. Que lições eles podem nos ensinar? É possível ficar rico em 20 ou 30 anos? Essa é a grande questão. Há um caminho interessante a percorrer na busca do seu primeiro milhão e de um futuro tranquilo. Se você está disposto a enfrentar os desafios nada triviais que terá pela frente, está no lugar certo. Este é um livro de fácil leitura, que pode ser muito útil para o jovem que começa a construir o patrimônio agora. Pode ser de grande valia para pessoas de qualquer idade que desejam se engajar em um projeto de liberdade financeira. Também pode ajudar todos aqueles que enfrentam dificuldades para poupar. Pode mudar sua vida? Só depende de você: está em suas mãos o poder de se juntar a um seleto grupo de pessoas. Se você, como eu, precisava de um empurrão para se mexer, acaba de receber o seu.

PARTE 1

Construindo sua riqueza

1 PARABÉNS. VOCÊ VAI FICAR RICO!

Vamos combinar: você lê e coloca em prática os conceitos do livro e eu garanto que vai ficar rico(a). Você decide o prazo.

Se você tem entre 25 e 40 anos, parabéns! Você poderá enriquecer com mais facilidade, pois terá mais tempo a seu favor e precisará poupar valores mensais menores para atingir, aos 65 anos, o mesmo objetivo de alguém que começa a poupar mais tarde.

Se você tem entre 40 e 50 anos, parabéns também. Com o aumento da expectativa de vida, hoje em dia a vida começa aos 50 anos. Você vai ver que é perfeitamente possível conquistar sua liberdade financeira mesmo começando a poupar nessa faixa de idade.

Se você já está na terceira idade, ou seja, se você já tem cabelos brancos e netos, este livro também é para você. Dê uma conferida na sua expectativa de vida e surpreenda-se com o tempo que ainda terá pela frente. Você certamente ainda tem muito tempo para se preparar. Se já tem algum dinheiro guardado, não permita que esse dinheiro evapore e prejudique seu conforto e qualidade de vida. Afinal, por que foi mesmo que você trabalhou a vida toda?

Mas, se o seu dinheiro já evaporou, ou pior, se você já faz parte do imenso contingente de endividados que existe hoje em nosso país, esse é mais um motivo para investir seu tempo nesta leitura.

Surpreenda-se com a facilidade com que vai assimilar as informações. Para entender os conceitos aqui desenvolvidos, você não precisa ter formação em economia ou administração e também não precisa ter conhecimento prévio de finanças.

2 O QUE VOCÊ PODE ESPERAR DESTE LIVRO

Vamos começar a colocar os pingos nos is. Este livro não é o primeiro a tratar do tema "torne-se um milionário" e certamente não será o último a falar da mágica que a capitalização dos juros pode fazer por você no longo prazo. Há muitos livros que se tornaram best-sellers tratando justamente desse assunto e que podem ser consultados como ótimas referências.

O que todos eles têm em comum é que procuram incentivar o leitor a:

- aumentar a sua capacidade de poupança
- ampliar suas fontes de renda
- gastar com equilíbrio e sabedoria

Os escritores americanos, em especial, falam da riqueza com forte conhecimento de causa, pois se tornaram multimilionários saindo do zero, enriqueceram após aplicar os sistemas e métodos que defendem nas suas próprias vidas e na sua atividade profissional. Outros, além de ricos, ficaram ainda mais famosos quando seus ensinamentos conquistaram espaço em programas de rádio e TV.

Todos ganham dinheiro com consultoria financeira, palestras e seminários sobre planejamento financeiro para a aposentadoria. E se orgulham de ajudar milhares de pessoas a conquistar a liberdade financeira e um futuro tranquilo.

Além de conhecer o pensamento de cada autor, você vai se surpreender com as histórias de pessoas que se tornaram bilionárias ainda jovens. Muitos de vocês devem conhecer a história de Bill Gates (fundador da Microsoft), de Mark Zuckerberg[3] (criador do Facebook) e até mesmo do megainvestidor do setor imobiliário, Donald Trump. Mas, há outros que merecem destaque, como o espanhol Amancio Ortega, o mexicano Carlos Slim, o americano Warren Buffett[4] e os brasileiros Jorge Paulo Lemann[5] e Joseph Safra[6]. O que todos eles têm em comum, além de serem bilionários e aparecerem com destaque no ranking da revista

Forbes? Alguns nasceram em berço de ouro, mas isso não fez diferença para eles. Independentemente da condição de vida que lhes foi dada por nascimento, todos foram atrás de seus sonhos e criaram suas próprias oportunidades. Houve quem enriqueceu graças à obstinação de transformar uma ideia em um novo produto ou serviço. Um sonho que deu certo e mudou a vida das pessoas, como a Microsoft e o Facebook. Outros se destacaram pelo excepcional talento em identificar empresas com grande potencial de valorização sustentável em bolsa. Não existe melhor exemplo de investidor de sucesso como o bilionário Warren Buffett. No Brasil, há pessoas que obtiveram extraordinário êxito no setor financeiro e em outros setores da economia graças a uma combinação perfeita de tino para negócios, foco, determinação, valorização do trabalho em equipe e meritocracia. Jorge Paulo Lemann e Joseph Safra, os maiores bilionários brasileiros, são bons exemplos.

Nas páginas que seguem, você será confrontado com a seguinte premissa: quanto mais cedo começar o seu projeto de riqueza, mais fácil será chegar à época de sua aposentadoria com uma ótima reserva financeira.

Não espere encontrar fórmulas mágicas neste livro. Aqui você vai encontrar um incentivo à disciplina e à determinação para conquistar sua independência financeira. E terá acesso a simulações para saber quanto precisa poupar todos os meses para atingir a reserva financeira que desejar.

Serão muitas informações úteis para você refletir e dar o pontapé inicial em um projeto que pode mudar sua vida. Você terá a resposta para a grande pergunta: como ganhar a Corrida do Milhão?

3 DINHEIRO TRAZ FELICIDADE?

Todo mundo concorda que a felicidade não é algo tangível e, portanto, não pode ser comprada. Quando ela vem, é de graça. E é incrível como a maioria dos momentos de real felicidade que a gente experimenta independe da quantidade de zeros do nosso contracheque ou do nosso saldo bancário.

Mas, ao mesmo tempo que o dinheiro não traz e não representa garantia de felicidade, é com ele que você garante o seu conforto e o seu bem-estar.

Então, que fique bem claro: o poder, a liberdade e a qualidade de vida que nós podemos ter quando nossa conta bancária está robusta é uma coisa ótima.

Por quê? Porque quem tem dinheiro pode usá-lo quando e como quiser – e não estou apenas falando na aquisição de bens materiais. Podemos usar o poder em favor dos menos favorecidos, em favor da sociedade, em favor dos nossos amigos, em favor da nossa família e, é claro, em favor de nós mesmos.

É ótimo contar com um plano de saúde que nos garanta os melhores hospitais a qualquer tempo; é ótimo não precisar fazer contas para fechar o orçamento no final do mês; é ótimo entrar em um site de viagens e comprar uma passagem de avião para qualquer lugar do mundo e viajar para destinos interessantes; é ótimo ter um automóvel seguro e que nunca nos deixa na mão; é ótimo poder pagar os estudos do nossos filhos aqui ou lá fora; é ótimo ter uma casa na praia ou no campo para receber a família e os amigos; é ótimo desfrutar da boa mesa e de um bom vinho, é ótimo... eu poderia alongar esse conteúdo dando muitos outros exemplos das vantagens de ser rico, mas isso seria limitar a abrangência desse conceito.

#MomentoFelicidade: *O papa Francisco gosta de falar sobre o tema Felicidade. Não raro, ele costuma dizer aos fiéis o que devem fazer para ser felizes. Seus conselhos: cuide da natureza, brinque com as crianças, trabalhe pela paz, viva e deixe viver, seja positivo e tranquilo, doe-se aos outros e respeite quem pensa diferente. Para a maioria dessas ações, a gente não precisa de dinheiro. E elas são fonte de felicidade. De fato, são incontáveis os momentos de alegria que a vida nos dá todos os dias – para os quais não é preciso gastar dinheiro –, como o amor genuíno da pessoa amada, o sorriso dos filhos e dos netos e o despertar dos sentidos com o contato com a natureza. Se é verdade que ter dinheiro não é garantia de felicidade, também é verdade que viver com pouco dinheiro não é fácil. Felizmente, a maioria das pessoas precisa trabalhar para ganhar dinheiro. E cedo ou tarde todo mundo descobre que aquele que tem um trabalho é muito mais feliz do que aquele que não tem uma ocupação, remunerada ou não.*

Então, que tal você mesmo pensar como será a sua vida se você ficar rico? O que você mudaria na sua vida? Quais seriam os seus próximos passos? O que você gostaria de fazer agora?

4 Uma palavra sobre sua vida no futuro

Todos os anos, um grande banco estrangeiro conduz, em nível mundial, um estudo sobre aposentadoria. O trabalho reúne informações sobre o hábito de poupar das pessoas. A última pesquisa apresentou resultados em linha com as anteriores, comprovando que a grande maioria não faz nenhum tipo de planejamento para a aposentadoria.

Chama a atenção a quantidade de pessoas que acreditam que o seu período de desfrute da aposentadoria será de aproximadamente 23 anos, mas que sua reserva financeira, ou seja, todas as economias de uma vida, será suficiente para apenas 12 anos.

Dito de outra forma, estamos falando de pessoas que acham que vão viver por mais 23 anos depois que se aposentarem aos 65 anos. O problema é que quase todos acham que terão dinheiro para pagar suas contas apenas até os 77 anos!

Então, estamos falando de um gigantesco contingente de pessoas que simplesmente estarão "quebradas" por conta de uma maior longevidade e que se tornarão dependentes de familiares ou do Estado por muito tempo, justamente no final da vida.

Some-se a isso um outro dado revelado pela pesquisa: perguntados sobre qual seria a principal preocupação na época da aposentadoria, a grande maioria revelou que, além das dificuldades financeiras, o maior receio é não ter condição de pagar assistência médica de qualidade.

Há ainda um outro dado muito citado pelas pessoas que chegam "duras" à fase de aposentadoria. Quando perguntadas sobre o que mudariam em suas vidas se pudessem voltar ao passado, a grande maioria lamenta não ter seguido os conselhos "Comece a poupar enquanto você é jovem" e "Não deixe para amanhã, comece a guardar dinheiro hoje".

Pois é, muitos deixaram. Portanto, se há uma lição que podemos extrair dessa história é a seguinte: comece o seu plano de aposentadoria imediatamente. Quanto antes você começar a poupar, mais fácil será atingir a reserva que deseja para o futuro.

E, quanto mais prazo você tiver para poupar, menor será o valor da parcela mensal que precisará investir desde o início.

Como você vê, está em suas mãos determinar como vai ser sua vida mais à frente. Então, comece a mudar a história do seu futuro agora.

5 O QUE É SER MILIONÁRIO?

Vamos alinhar os conceitos. O que é ser milionário para você? Em seu sentido mais puro, considera-se milionário o indivíduo que possui ao menos 1 milhão de "dinheiros" em investimentos de capital (excetuando a própria residência). No Brasil, um milionário seria um cara que tem R$ 1.000.000,00. Nos Estados Unidos, vale a mesma definição, com a diferença de que estamos falando de US$ 1,000,000.00.

Entretanto, essa definição está visivelmente ultrapassada (explico o motivo mais à frente) e em parte justifica por que o número de milionários vem crescendo exponencialmente a cada ano, no Brasil e no mundo. Ou seja, é muito fácil ficar milionário no longo prazo.

Em 1988, antes de começar as operações do primeiro private bank brasileiro, o Citibank fez várias pesquisas e um estudo de viabilidade econômica para saber se existia mercado no Brasil para um segmento voltado exclusivamente para a administração de fortunas de pessoas e famílias detentoras de grandes patrimônios, um private bank. A pesquisa identificou 60 mil famílias classificadas como milionárias naquela época e o banco foi em frente com seu projeto pioneiro, sendo seguido posteriormente pelas principais casas bancárias concorrentes.

A má notícia é que o milionário de 2016 não é o mesmo milionário de 1988, época em que o private bank do Citibank foi inaugurado. Por causa da inflação, o milionário de 2016 é muito mais pobre do que o milionário de 1988.

Agora, veja que curioso: hoje, o brasileiro que ganha um salário mensal de R$ 10 mil está de parabéns, pois já pertence ao clube dos milionários. Sim, quem tem emprego com carteira assinada com esse salário é tão rico quanto o "milionário aposentado" que vive da renda do seu R$ 1 milhão. Surpreso? Quer uma prova? Então considere o seguinte: na data em que escrevo, a taxa básica de juros da economia brasileira (a chamada taxa Selic) era superior a 14% ao ano – triste recorde para o país, pois esses juros não são praticados em nenhum lugar no mundo.

Portanto, o nosso milionário de 2016 que possui R$ 1 milhão tem a possibilidade de aplicar esse dinheiro em investimentos de renda fixa que podem render por volta de 1% ao mês (líquido de imposto de renda). Com isso, ele tem uma renda aproximada de R$ 10 mil mensais. Ou seja, mesmo tendo R$ 1 milhão aplicado, certamente não consegue viver só de renda. Dito de outra forma: quem recebe um salário líquido de R$ 10 mil mensais pode ter o mesmo padrão de vida do nosso milionário. E, como ele, precisa fazer malabarismos para organizar a vida financeira. Então, contar com R$ 1 milhão daqui a 30 anos, em 2035, não vai fazer de você um milionário. Portanto, você não pode se contentar com pouco, terá que se tornar mais do que um milionário, precisará ser multimilionário.

O "verdadeiro" multimilionário de que estamos falando não precisa trabalhar para viver. Se trabalha ou não, é irrelevante – embora eu ache que uma pessoa jamais deveria deixar de trabalhar durante toda a vida. O patrimônio do nosso multimilionário geralmente inclui investimentos financeiros, ações que pagam dividendos, ativos que geram renda ou receitas de aluguel, residência própria, casa na praia ou no campo, carros importados, etc. Seus rendimentos passivos (aluguéis, dividendos, renda de seus negócios) são suficientes para bancar seu padrão de vida, pagando facilmente esses luxos. O fato de não precisar resgatar o principal de seus investimentos financeiros significa que eles não serão corroídos pela inflação e que não vão terminar ao longo de sua vida.

Não devemos confundir rico com abastado. Por exemplo, considere uma pessoa que tem renda suficiente para não precisar mais trabalhar. Se ela tiver uma renda mensal de 20 mil e despesas de 20 mil, estamos falando de alguém abastado, que não precisa resgatar seus investimentos para viver. Com esse equíbrio, essa situação confortável pode continuar ao longo de muito tempo. A boa notícia é que quando a receita se torna maior do que a despesa - e o excedente financeiro é investido a juros por um longo tempo - o abastado vira rico. Entretanto, quando ocorre o contrário, é só uma questão de tempo para o abastado ficar pobre.

6 UM SONHO POSSÍVEL: FICAR MILIONÁRIO EM 20 ANOS

É possível tornar-se milionário saindo do zero e alcançar a independência financeira em 20 ou 30 anos? Sim, se você for determinado, estiver disposto a botar sua cabeça para funcionar em busca de boas ideias, tiver disciplina para poupar e fazer os juros compostos atuarem a seu favor ao longo do tempo.

Para ficar rico, você vai ter que trabalhar bastante. Como os ricos. Alguma dúvida que os ricos trabalham muito? Os que conheço trabalham até mais do que as pessoas que empregam. Sabe por quê? Porque gostam. Os ricos não trabalham pelo dinheiro. De modo geral, rico não tem horário para começar a trabalhar, nem para encerrar o expediente.

Médicos, advogados, banqueiros, artistas, comerciantes, empresários, publicitários, ...muita gente fica rica exercendo com sucesso essas profissões. Mas, com certeza, a grande maioria trabalha igual ou mais do que muitos que ainda estão engatinhando lá na base da pirâmide. No final de cada dia, após o jantar, enquanto muita gente está satisfeita de apenas assistir à novela ou ir dormir cedo, sempre haverá um médico fazendo visita, um publicitário às voltas com uma nova campanha, um artista gravando, um banqueiro aprovando uma linha de crédito e um gestor de fundos de investimento de olho nos mercados asiáticos ou europeus, quebrando a cabeça para colocar em prática a melhor estratégia na abertura dos negócios no dia seguinte aqui no Brasil.

Aonde quero chegar? Desejo mostrar a você que, somente com muito método, trabalho, disciplina e determinação será possível ficar rico. A boa notícia é que você começará a gostar de trabalhar para você mesmo. É apenas uma questão de tempo: investindo regularmente o dinheiro que sobra todos os meses após o pagamento de suas contas, vai chegar o dia em que você se tornará uma pessoa rica. E você vai poder dizer com todas as letras: "Eu não trabalho por dinheiro. O dinheiro é que trabalha para mim".

Posso repetir? Quanto mais cedo você começar a poupar, melhor. Quanto mais poupar todos os meses, mais cedo se tornará rico. E, se hoje você me diz que não sobra dinheiro no final do mês, vou tirar a sua muleta. Com a aplicação dos conceitos deste livro, você não vai mais conseguir arranjar desculpas para não poupar. Então, prepare-se para se reinventar e trabalhar bastante. Comece a raciocinar como as pessoas ricas e descubra o poder da sua mente no processo de construção da riqueza. Leia apenas um capítulo por dia, se possível tendo por perto uma canetinha marca-texto para grifar tudo o que chamar sua atenção e facilitar uma releitura.

7 QUE TIPO DE RICO VOCÊ QUER SER?!

O dinheiro é uma forma de poder. Com ele, você pode desfrutar uma boa vida hoje, ajudar sua família e viver bem lá na frente, quando poderá anunciar aos quatro ventos que é uma pessoa livre, com agenda a ser preenchida ajudando filhos e netos. Mas que tipo de rico você quer ser? Essa é uma pergunta que eu sempre me fiz, principalmente depois de examinar o que aconteceu com algumas pessoas endinheiradas da minha própria família. Na verdade, essa questão tornou-se recorrente assim que terminei a faculdade e comecei a trabalhar, a ganhar dinheiro, a comprar imóveis e a investir no mercado financeiro. Acompanhe-me nesta volta ao passado.

#MOMENTODEVANEIO: *Minha carreira profissional começou nos anos 70, com um difícil estágio (o certo seria dizer chatíssimo) em uma empresa financeira no centro velho da capital paulista. Prestes a me formar em administração de empresas pela Fundação Getúlio Vargas (FGV), fui admitido como estagiário nessa companhia com a missão de traduzir, do inglês para o português, manuais de uma companhia americana interessada em lançar produtos em parceria com a empresa que me contratava. Só tinha um problema: meu inglês era péssimo! Mas, mesmo com um inglês capenga, aceitei o desafio e comecei um curso intensivo, de imersão total. Deu certo, meu inglês melhorou rapidamente e em escala suficiente para eu manter meu (chatíssimo) estágio. Afinal, sem esse estágio, eu não conseguiria me formar. Mas, quem já passou por um primeiro emprego sabe que lidar com a perda de liberdade de uma hora para outra é um grande problema. Na verdade, esse foi um dos grandes desafios que já enfrentei. De uma hora para outra, eu me vi às voltas com rígidos horários governando minha vida. Receber ordens de um estranho também foi um choque. Como assim levantar cedo para chegar às 8 horas da manhã no centro da cidade para bater cartão de ponto? Como assim não poder mais comer a comi-*

dinha caseira da mama na hora do almoço? Como não contar mais com sobremesa, café passado na hora e um cochilinho após o almoço? E o que fazer com as duas horas de almoço em pleno centro da cidade, passando frio, calor ou enfrentando chuva? Dias de sol a pino se alternavam com dias de chuva – tive até que comprar um par de galochas para calçar sobre os sapatos nos dias de dilúvio. E mais: por que mesmo eu era obrigado a esperar até as 18 horas para "picar" o maldito cartão de ponto se às vezes não havia nada para fazer? Nem adianta me dizer que isso não é nada quando comparado ao sofrimento do trabalhador brasileiro médio, que levanta às 5 horas da manhã, enfrenta duas ou mais conduções todos os dias e come comida de marmita. Eu sei disso tudo, admito que era um baita de um privilegiado e agradeço aos meus pais que deram duro para me proporcionar uma boa educação. Mesmo assim, não foi um começo fácil. Mas esse era o sistema. E era desse sistema que eu havia acabado de me tornar uma engrenagem. Meu chefe, que era um cara muitíssimo inteligente e preparado, era também um baita de um CDF, tão nerd quanto os nerds da série "The Big Bang Theory", da rede de TV CBS. Quando eu perguntava o que significava uma determinada palavra inglesa que não sabia, ele me brindava com um olhar por cima dos grossos óculos de grau e me dizia para procurar no dicionário (embora tivesse a resposta na ponta da língua). Eu podia ler seu pensamento...e lá ia eu mais uma vez perder um tempo precioso para achar a tal palavra no dicionário. A empresa tinha ainda outras figuras e o diretor-presidente era uma delas. Elegante, culto e educado, pertencente a uma tradicional família paulistana, ele tinha por volta de 50 anos e era neto do fundador. Como a firma pertencia a ele e era de capital fechado, adorava ditar regra. Não tolerava funcionário de cabelo comprido. Barba, bigode, cavanhaque e costeleta nem pensar. E fazia questão que todo mundo trabalhasse de terno e gravata. Ai de você se aparecesse com o nó de gravata frouxo. De qualquer forma, lembro que ele me impressionou mais pela elegância no vestir do que pelo seu modelo de gestão. Nos anos 70, a biometria não existia nem em filmes de ficção e o mais comum era que as empresas controlassem a frequência de seus funcionários com cartão de ponto, como nas fábricas do ABC paulista. Assim, no horário de almoço e no final do expediente, formava-se uma longa fila de funcionários na frente do relógio de ponto – e o presidente fazia questão de enfrentá-la para bater o cartão. Sim, ele tinha o próprio cartão de ponto e gostava de dar o exemplo. Jamais furou a fila. Ele também tinha uma característica que me chamou atenção: adorava mostrar que era econômico e não perdia a oportunidade para demonstrar aos subordinados como economizava papel. Uma das suas manias era utilizar o verso de notas fiscais e recibos como rascunho. Uma verdadeira economia porca. Por quê? Porque todos os demais empregados da companhia continuavam usando cadernos, blocos de anotação ou mesmo papel sulfite como rascunho. O fato é que a companhia era uma máquina de ganhar dinheiro e realmente não precisava dessa demonstração de pão-durismo explícito.

Se você gasta menos do que ganha e investe o excedente, está no caminho certo, na trilha da riqueza. Mas, é claro, de nada vale ter dinheiro se você não tiver qualidade de vida.

Você não precisa ser sovina para multiplicar seu dinheiro. Para ficar rico, não é preciso ser mão de vaca, muito menos passar os seus melhores anos acumulando dinheiro e se "esquecendo" de desfrutar a vida. Infelizmente não é isso que acontece com algumas pessoas. Tem gente que não vive a vida, embora tenha bastante dinheiro. Conheci pessoas assim.

#MOMENTODEVANEIO: *Ainda hoje me lembro do comprador de um imóvel que meu pai vendeu nos anos 70. Era um senhor descendente de estrangeiros e já na casa dos 60 anos. Ele chegou ao cartório com barba por fazer e maços de dinheiro no bolso para pagar o imóvel. Tinha uma aparência lamentável: vestia uma camisa daquelas que não precisa passar e que gruda no corpo nos dias de calor e uma calça social cinza surrada. Completando o figurino, usava sandálias de plástico pretas e gastas. Pela aparência, ninguém dava nada por ele. Mas ele se orgulhou de nos dizer que aquele seria o 21º imóvel que comprava para alugar! Ele era um falastrão e nos contou que tinha uma elevada renda de aluguéis. Disse que a Receita Federal não sabia da sua existência. Não declarava os aluguéis que recebia e não pagava um centavo de imposto de renda. Pelo jeito que se vestia, devia levar uma vida de miserável. Nunca mais o vimos, mas é muito provável* *que tenha deixado este mundo sem ter proporcionado uma vida confortável para sua família. Foi aí que eu comecei a me perguntar? Por que as pessoas estão sempre querendo acumular rios e rios de dinheiro? Por que motivo muitos cônjuges, filhos, noras e genros se estapeiam em uma interminável disputa judicial pelo dinheiro do falecido? Para torrar a herança recebida? Conheci um outro extremo alguns anos mais tarde, quando trabalhei um private bank americano. Um cliente de 45 anos de idade, solteiro, sem filhos e herdeiros, que naquela época (início dos anos 90) detinha um patrimônio de US$ 15 milhões, pediu ao seu private banker uma simulação inusitada. Como não curtia filantropia e não queria deixar um tostão para o governo quando morresse, ele queria saber quanto poderia "torrar" mensalmente do seu patrimônio para chegar aos 90 anos sem nenhum centavo! Deu um trabalhão! E, pelo que sei, o plano está funcionando: ele continua vivo, rico e até está mudando a cabeça com relação à filantropia. Tomara que as contas estejam certas e ele não passe dos 100 anos, caso contrário ele corre o risco de se tornar um outro Jorge Guinle, famoso personagem da sociedade carioca - cuja família era dona do hotel Copacabana Palace - e que, por ter "esbanjado dinheiro", viveu seus últimos anos à custa de ajuda de amigos e morando de favor. Portanto, nem tanto ao mar nem tanto à terra. O que defendemos aqui é equilíbrio. O comprador do imóvel do meu pai, capitalista dos quatro costados, sabia ganhar dinheiro e fazer o capital trabalhar a seu favor. Mas era péssimo em usufruir o próprio dinheiro.*

Equilíbrio, na busca pela sua liberdade financeira, vai ajudar você a manter-se fiel ao seu objetivo maior, ficar rico. Tudo que é radical não funciona. Ou melhor, pode funcionar por um tempo e depois não mais. Sabe aquela dieta só de proteínas, que promete que você vai emagrecer 2 quilos por semana desde que não coma pão, massa, arroz, batata e nenhum tipo de carboidrato? Então, ela funciona no começo. Depois você não aguenta, abandona... e volta a engordar.

No seu projeto de riqueza é a mesma coisa: se você ficar anos a fio se privando das boas coisas que o dinheiro pode comprar - e de coisas que fazem bem à alma -, é bem provável que não consiga levar o seu projeto até o final. Alguém já escreveu isto: se você fica 100% do seu tempo pensando só em dinheiro, fica com 0% de tempo para desfrutar das coisas boas que a riqueza oferece. Simples assim.

O que fazer então? Tive acesso a boas ideias sobre como poupar com disciplina e sempre escuto com atenção o que têm a dizer aqueles que se aventuram a falar sobre o dilema "desfrutar de imediato" × "desfrutar no futuro".

O economista Eduardo Gianetti da Fonseca[7] trata desse tema com maestria. Em seu livro *O Valor do Amanhã*, ele anota:

A vida é um intervalo finito de duração indefinida. A combinação desses dois elementos – a certeza da finitude e a indeterminação do caminho até ela – acarreta um mundo de implicações e possibilidades. O futuro nos interroga. A vida é breve, os dias se devoram e nossas capacidades são limitadas. A cada passo da jornada, com maior ou menor ciência e grau de deliberação, escolhas têm de ser feitas. Que peso atribuir ao futuro próximo e remoto diante dos apelos, acenos e premências do momento? O que valeria a pena escolher – colocar "mais vida em nossos anos" ou (quiçá) "mais anos em nossas vidas"? (...) Até que ponto vale a pena subordinar o presente ao futuro ou vice-versa? Duas ameaças simétricas rondam a determinação dos termos de troca entre presente e futuro. A miopia temporal envolve a atribuição de um valor alto ao que está próximo de nós no tempo, em detrimento do que se encontra mais afastado. A hipermetropia é a atribuição de um valor excessivo ao amanhã, em prejuízo das demandas e interesses correntes. Enquanto a miopia temporal nos leva a subestimar o futuro, a hipermetropia reflete uma subestimação do presente. Existirá um ponto certo – um equilíbrio estável e exato – entre os extremos da fuga do futuro (miopia) e da fuga para o futuro (hipermetropia)? (...) Antecipar custa, retardar rende. (O fato é que) o animal humano adquiriu a arte de fazer planos e refrear impulsos. Ele aprendeu a antecipar ou retardar o fluxo das coisas de modo a cooptar o tempo como aliado de seus desígnios e valores. Isto agora ou aquilo depois? Desfrutar o momento ou cuidar do amanhã? São perguntas das quais não se escapa (...), as trocas no tempo pontuam a nossa trajetória pelo mundo e elas são uma via de mão dupla. (...) Os juros são o prêmio da espera na ponta credora – os ganhos decorrentes da cessão temporária de valores do presente para o futuro; e são o preço da impaciência na ponta devedora – o custo de antecipar ou importar valores do futuro para o presente.

8 A BUSCA DA INDEPENDÊNCIA FINANCEIRA

O que você prefere? Colocar mais vida nos anos que terá pela frente ou simplesmente ter mais anos de vida? Desfrutar o momento presente ou cuidar do amanhã?

Se tiver equilíbrio, você não precisa necessariamente escolher entre uma e outra, pode ter as duas coisas ao mesmo tempo. Mas, se precisar escolher, prefira ficar na posição credora, aquela em que você abre mão de alguma coisa no presente (os seus gastos supérfluos, por exemplo) para conquistar algo muito bom no futuro, a sua liberdade financeira.

Não sei como você ganha a vida e não conheço a sua situação patrimonial. Seja qual for, garanto que é perfeitamente possível alcançar sua independência financeira no longo prazo. Só depende de você.

Mas, de quanto dinheiro estamos falando para você poupar todos os meses? Quanto dinheiro você deseja acumular para ter uma vida tranquila no futuro? Com que idade você deseja se aposentar?

Para responder a essas perguntas, criamos algumas tabelas para dar a você uma ordem de grandeza. É fácil entender os exemplos apresentados. Veja se fazem sentido para você. Depois, faça a sua própria simulação em uma planilha, colocando seus dados financeiros e seus objetivos específicos. Com isso, você terá a possibilidade de "brincar" com os dados variáveis que mais combinem com seu projeto de vida: valor da reserva financeira que deseja acumular, prazo para essa conquista, poupança mensal e taxa de juros com a qual deseja fazer a simulação.

Então faça uma primeira conta: quanto você consegue poupar todos os meses para atingir seu objetivo de ficar rico? O cálculo é fácil: trata-se da diferença entre o que você ganha e o que você gasta.

Há quem aconselhe que você poupe, todos os dias, o equivalente a uma hora do seu trabalho. Seria uma forma de você se pagar, de receber uma recompensa pelo seu esforço. Outros defendem que se poupe pelo menos 10% de cada real que entra na conta bancária. Você conseguiria poupar R$ 1.000,00 todos os meses durante mais de 30 anos? R$ 1.000,00 é muito? Que tal então R$ 500,00? Em ambos os casos, quanto tempo vai demorar para você ter R$ 1 milhão lá na frente, com o poder de compra de hoje?

Antes de responder essa pergunta, preciso me desculpar com todos aqueles que ainda não estão familiarizados com o conceito de "inflação", "taxa de juros real" e "valor do dinheiro no tempo".

Vou ser claro e sincero: é impossível construir riqueza sem entender como funciona o dinheiro. Infelizmente, instrução financeira não é um assunto que costuma ser tratado na escola, mas deveria ser ensinado já no ensino médio. De fato, se todo mundo, desde cedo, conhecesse o efeito dos juros compostos em suas vidas, haveria mais pessoas adotando o hábito de poupar e menos pessoas endividadas no cheque especial e no cartão de crédito. Por isso, pague este pedágio: leia e releia este trecho do livro com muita atenção.

Já tivemos uma primeira conversa sobre juros, lembra-se? Segundo Eduardo Gianetti, os juros são o "*prêmio da espera*" quando estamos na "ponta credora", quando decidimos abrir mão de algo no presente em prol de algo esperado no futuro.

Exemplo: em vez de comprar um carro agora, aplicamos o dinheiro a juros (ou seja, emprestamos dinheiro para o banco) com a expectativa de comprar o veículo mais à frente em condições mais favoráveis. O benefício vem depois e tem um custo: a espera e o não desfrute do carro.

Em contrapartida, os juros tornam-se o "*preço da impaciência*" quando estamos na ponta devedora, quando decidimos "*viver agora e pagar depois*". Nesse caso, tomamos dinheiro emprestado no banco para obter um desfrute imediato e para isso concordamos em pagar juros.

O problema é que aqui no Brasil pagamos um juro estratosférico quando estamos na ponta devedora e recebemos um juro muito mais baixo quando aplicamos nosso dinheiro nos bancos (embora, é necessário que se diga, seja um juro altíssimo pelos padrões mundiais).

Agora, o próximo passo é entender (i) o conceito de inflação, (ii) a diferença entre juro nominal e juro real e (iii) falar sobre valor do dinheiro no tempo.

O QUE É INFLAÇÃO?

Inflação é o aumento geral e persistente dos preços. É uma remarcação de preços generalizada, um assunto que conhecemos muito bem. Em novembro/2015, a inflação brasileira estava próxima de 10% ao ano, mais do que o dobro da meta de 4,5% fixada pelo Banco Central. Ou seja, se cada pneu do seu carro custa hoje R$ 500,00, daqui a um ano poderá custar R$ 550,00 se o seu preço for reajustado de acordo com um índice de inflação de 10%. Simples assim.

O QUE É JURO REAL?

Quanto você aplica R$ 100,00 na poupança hoje, já sabe: esse valor será maior daqui a um ano, corrigido pelo rendimento (juro) da poupança. Suponha que esse juro seja de 7% no ano. Então, daqui a um ano, você terá R$ 107,00, dos quais R$ 7,00 correspondem aos juros. Esse é o chamado juro nominal.

O juro real é o resultado que você obtém quando elimina o efeito da inflação do rendimento que recebe de seu investimento. Por exemplo, suponha que você aplicou em um fundo de renda fixa que rendeu 14% no período de 1 ano. Se a inflação do ano foi de 10%, o seu juro real foi positivo: 4% ao ano.

VALOR DO DINHEIRO NO TEMPO

Não importa a moeda, real, dólar ou euro: o dinheiro perde valor com o passar do tempo. Há 10 anos, uma passagem de metrô em Nova York custava US$ 1,00. Hoje, custa US$ 2,50. No Brasil, se você gastava R$ 50,00 no cabeleireiro em 2014, em 2016 deve estar gastando pelo menos R$ 70,00. Nesse exemplo, o custo do serviço subiu acima da inflação.

Você já deve ter entendido aonde quero chegar. Então, pense comigo. O que é melhor? Receber R$ 100,00 hoje ou R$ 107,00 daqui a um ano?

Garanto que você vai preferir receber R$ 100,00 hoje, pois nesse caso a taxa de juros do exemplo – que representa o fator de correção desse dinheiro no tempo – é de apenas 7% (e nós sabemos que a taxa oficial de inflação hoje é próxima de 10% ao ano, certo?)

Em finanças, os R$ 100,00 de hoje são chamados de Valor Presente. Os R$ 107,00 são chamados de Valor Futuro.

Então, quanto vale, hoje, uma reserva financeira de R$ 1.000.000,00 no ano de 2025, ou seja, daqui a 10 anos?

É impossível saber ao certo, pois não sabemos como a inflação se comportará nos próximos 10 anos. Mas é possível assumir uma dada taxa de inflação e assim trazer R$ 1.000.000,00 a valor presente de acordo com essa estimativa de inflação. Por exemplo, se considerarmos uma inflação média de 6% ao ano por 10 anos, o valor presente do nosso R$ 1.000.000,00 é de R$ 558.394,78 hoje.

Em outras palavras: receber R$ 558.394,78 hoje equivale a receber R$ 1.000.000,00 daqui a 10 anos.

QUANTO VOCÊ CONSEGUIRIA INVESTIR TODOS OS MESES?

Agora que já entendemos o conceito de "Juros" e "Valor do Dinheiro no Tempo" vamos falar do grau de dificuldade que você teria para fazer um investimento mensal de R$ 1.000,00 para viabilizar seu projeto de acumular R$ 1.000.000,00 no longo prazo.

Eu sei que para algumas pessoas poupar R$ 1.000,00 por mês pode parecer difícil no começo. Mas, veja como as coisas ficam mais fáceis depois.

Em novembro/2015, um investimento mensal de R$ 1.000,00 equivalia a um gasto com 20 pizzas, a R$ 50,00 cada uma.

Entretanto, no próximo ano vai ser muito mais fácil, pois seu salário tende a aumentar de acordo com a inflação.

Agora imagine como será ainda mais fácil poupar esses mesmos R$ 1.000,00 mensais daqui a 20 ou 30 anos. Você estará ganhando muito mais e será tranquilo separar o dinheiro para juntar R$ 1.000,00 a cada mês. Para falar a verdade, lá na frente, R$ 1.000,00 deve ser dinheiro de uma única pizza, não de vinte.

Em suma, não importa se você pode ou não poupar R$ 1.000,00 por mês, o que interessa aqui é que você entenda o conceito e faça suas próprias contas.

Vamos para um exemplo concreto? Vejamos o que acontece quando se aplica R$ 1.000,00 por mês durante 37 anos à taxa de 4% ao ano de juro real. Confira na Tabela 1.

TABELA 1

Taxa de Juros	Final do Ano	Valor do Investimento Mensal em R$	Valor Acumulado em R$
4% ao ano	1º ano	1 000,00	12 258,00
	5º ano	1 000,00	66 396,00
	10º ano	1 000,00	147 176,00
	20º ano	1 000,00	365 033,00
	25º ano	1 000,00	510 514,00
	30º ano	1 000,00	687 513,00
	37º ano	1 000,00	1 001 542,00

Primeira constatação: mesmo com um valor de poupança mensal relativamente baixo e fixo ao longo do tempo, é possível ficar milionário.

Segunda constatação: como dissemos, os R$ 1.000,00 mensais depois de algum tempo serão irrisórios. Então, será cada vez mais fácil para um jovem entre 20 e 30 anos reunir esse valor todos os meses.

E por que utilizamos juro real de 4% nesse exemplo, em vez de um juro nominal de 14% ao ano? Resposta: para que o resultado acumulado lá no futuro já apareça descontado da inflação. Assim, nesse exemplo, o montante acumulado no 37º ano terá o mesmo poder de compra dos dias de hoje.

Resumindo: devemos sempre considerar o valor do dinheiro no tempo no processo de decisão de investimento.

A Corrida do Milhão

Não. Não estamos falando da tradicional corrida de stock car, na qual o piloto vencedor ganha R$ 1 milhão em um final de semana. A sua Corrida do Milhão demora mais e exige um esforço de muitos anos.

Com uma meta de R$ 1 milhão daqui a 30 anos, você ficará muito bem de vida, mas não será um verdadeiro milionário. Explico. Lembra o que falamos sobre valor do dinheiro no tempo? Então... R$ 1 milhão daqui a 30 anos não vai ser grande coisa. Assim, você precisa alcançar um valor futuro muito mais alto, que tenha o mesmo poder de compra de R$ 1 milhão nos dias atuais. Mas, qual seria esse valor?

Chegar a um número exato é impossível, pois não há como prever o comportamento da inflação ano a ano para os próximos 30 anos. Uma estimativa aceitável pode ser obtida se você trabalhar com uma inflação anual média para todo o período de 5% ao ano, por exemplo, o que significaria que o País deu certo. A conta é bem simples: basta capitalizar o nosso R$ 1 milhão de hoje com uma taxa de juros de 5% ao ano durante 30 anos. Quanto isso dá? Exatos R$ 4.321.942,38. Esse é o valor aproximado que você precisará ter para ser considerado um verdadeiro milionário daqui a 30 anos.

Um outro exemplo, para quem tem pressa

Para quem já está na faixa dos 50 anos de idade, talvez 37 anos seja um prazo muito longo para conquistar a riqueza. Então, há duas soluções possíveis para ficar milionário em menos tempo.

A primeira opção é aplicar o dinheiro a uma taxa de juros maior, formando uma carteira de perfil mais agressivo nos primeiros 20 anos e depois ir migrando para aplicações mais conservadoras nos 10 anos finais. Veja como fica, com poupança de R$ 1.000,00 todo mês, sem alteração de valor:

TABELA 2

Taxa de Juros (Anual)	Final do Ano	Valor do Investimento Mensal R$	Valor Acumulado em R$
6%	1º ano	1 000,00	12 387,00
	5º ano	1 000,00	69 824,00
	10º ano	1 000,00	163 264,00
	20º ano	1 000,00	455 645,00
5%	25º ano	1 000,00	649 622,00
4%	30º ano	1 000,00	897 191,00
	33º ano	1 000,00	**1 047 484,00**

Veja como juros mais altos no início foram importantes para diminuir o prazo para a conquista da sua reserva: em vez de 37 anos, o prazo cai para 33 anos.

Continua achando o prazo longo demais? Então analise esta outra opção para você atingir sua meta mais rapidamente. Tudo o que você precisa fazer é aumentar o valor do investimento mensal durante o período do plano, por exemplo, à razão de 10% ao ano. Assim, começa-se o plano com um investimento de R$ 1.000,00 mensais no 1º ano, aumenta-se para R$ 1.100,00 no 2º ano, para R$ 1.210,00 no 3º ano e assim sucessivamente ao longo do tempo. Analise o exemplo a seguir:

TABELA 3

Final do Ano	Taxa de Juros (Anual)	Valor do Investimento Mensal R$	Valor Acumulado em R$
1º ano	6%	1 000	12 387
5º ano	6%	1 464	84 316
10º ano	6%	2 358	248 627
20º ano	**6%**	**6 116**	**1 090 127**
25º ano	5%	9 850	1 945 461
30º ano	**4%**	**15 863**	**3 375 423**

Veja como o prazo para se tornar milionário diminui significativamente quando você atualiza o valor do seu investimento mensal ao longo do tempo.

Nessa hipótese, bastam 20 anos para você ficar milionário e 30 anos para se tornar um multimilionário.

Mas seu orçamento comportaria aumentos reais (acima da provável inflação) no investimento mensal durante 20 anos? Na minha visão, sim, principalmente se você está com a carreira em ascensão.

Quanto a obter juros reais de 6% ao ano, isso é perfeitamente possível. No Brasil de hoje (novembro de 2015), existem várias aplicações que pagam um juro nominal superior a 15,5% ao ano, o que dá um juro real de aproximadamente 5% ao ano. Lembre também que, para conquistar retornos mais elevados, você pode aplicar em ações. Com isso, mesmo se houver uma queda dos juros da renda fixa no longo prazo, o investimento em ações tornaria plenamente viável a expectativa de obter um juro de 6% ao longo de todo o período.

Reitero que os exemplos acima são... exemplos. Se não puder poupar R$ 1.000,00, basta colocar na sua simulação o valor que acha possível investir no início do plano. Minha sugestão é que você faça os seus próprios cálculos, de acordo com sua disponibilidade financeira e seu projeto de vida.

9 A Calculadora do Cidadão do Banco Central

Hoje não é mais necessário ter formação ou mestrado em finanças para fazer uma simulação financeira.

Se você curte uma calculadora financeira, como a HP 12C, sabe bem do que estou falando.

Mas há uma opção ainda mais fácil: acesse um dos inúmeros sites de planejamento financeiro que existem na internet e insira as variáveis que representam a sua situação. São elas:

- Valor do investimento mensal
- Taxa de juros coerente com seu perfil de investidor

- Tempo desejado para atingir seu objetivo
- Montante da reserva desejada.

Para simulações mais simples, acesse a página do Banco Central do Brasil em www.bcb.gov.br e use o campo de busca para encontrar a "Calculadora do Cidadão".

No site, você vai encontrar planilhas prontas para usar. Com isso, você mesmo pode fazer suas simulações facilmente.

É muito simples, por exemplo, descobrir quanto você precisa poupar todos os meses para atingir uma determinada reserva financeira no futuro. Você também pode conhecer o prazo que vai levar para ter essa reserva dada uma certa taxa de juros e um determinado investimento mensal. Vale a pena acessar o site e fazer as suas simulações. Exemplos de planilhas e informações que você pode obter:

- Aplicação financeira com depósitos regulares ao longo do tempo
- Financiamento com prestações fixas
- Valor futuro de um capital
- Correção de valores por vários tipos de índices

Você teve alguma dificuldade para entender esse conteúdo? Se sim, saiba que isso é normal, pois as informações são de fato muito técnicas.

Sugiro que você não desista de compreender perfeitamente todos esses conceitos. Interrompa a leitura agora e recomece depois, com calma. Releia tudo com mais tempo e atenção redobrada. Não é difícil assimilar essas informações, é só você se esforçar. Lembra-se da sua primeira aula de inglês? E da primeira vez que andou de bicicleta? Parecia impossível aprender, mas você conseguiu. Minha sugestão: releia o trecho do livro que começa na página 36 e termina aqui. Esforce-se, sua determinação será recompensada.

10 A CAPITALIZAÇÃO DOS JUROS TRABALHA A SEU FAVOR

É impressionante a diferença que existe entre iniciar um plano de aposentadoria no auge da juventude ou um pouco mais tarde.

Quem começa a poupar aos 20 e poucos anos precisa de muito menos dinheiro para investir todos os meses e atingir seu objetivo.

Veja o que acontece com 3 pessoas interessadas em ter uma reserva acumulada de R$ 10 milhões aos 65 anos.

Cenário: eles não têm a mesma idade, mas começam a investir no mesmo dia e com a mesma taxa de juros.

Com isso, os mais jovens terão mais "tempo de investimento" até se "aposentarem" aos 65 anos de idade.

Repare que, para os mais jovens, fica muito mais fácil atingir o objetivo final.

Conheça Cláudio, Cristina e Ricardo.

- Cláudio tem 25 anos quando começa a investir
- Cristina tem 30 anos quando começa a investir
- Ricardo, o mais velho dos três, tem 35 anos quando começa a investir

A taxa de juros é igual para todos: 1% ao mês.

No exemplo, Cláudio (25) é o que iniciou seu plano mais jovem. Até sua "aposentadoria", teve 40 anos para poupar e precisou investir R$ 841,58 mensais (pouco mais de R$ 28 por dia) para alcançar uma reserva de R$ 10.000.000,00 aos 65 anos. Desembolso total de Cláudio: R$ 403.958,40.

Cristina, que iniciou mais "velha", aos 30 anos, teve 35 anos para poupar. Veja o que aconteceu: para ter uma reserva financeira de R$ 10.000.000,00 aos 65 anos, precisou investir R$ 1.539,58 todos os meses durante 35 anos. Desembolso total de Cristina: R$ 646.623,60, 60% a mais do que Cláudio.

Ricardo também conseguiu ficar "multimilionário". Mas, como iniciou seu plano ainda mais tarde, seu investimento foi bem maior. Para ter uma reserva de R$ 10.000.000,00 aos 65 anos, precisou investir R$

2.832,93 por mês durante 30 anos. Desembolso total: R$ 1.019.854,80, 152% a mais do que Cláudio.

Não é incrível a diferença?

Repare que, no mensal, ficou muito mais difícil para Cristina e Ricardo. Convencido sobre a vantagem de iniciar seu plano enquanto é jovem?

A Corrida do Milhão fica mais rápida com juros maiores no início

Vamos para outro exemplo. Cláudio quer saber em que idade ele conseguiria acumular uma reserva de R$ 1 milhão se aplicar seu dinheiro a taxas de juros mais altas no início de seu plano.

Seu consultor de investimentos lhe disse o seguinte: normalmente, quase todo jovem em início de carreira, como você, está disposto a assumir um pouco mais de risco em seus investimentos, pois sabe que tem muito tempo pela frente, talvez 35 ou 40 anos de prazo para conquistar sua reserva financeira.

Mesmo que tenha um perfil de investidor conservador, você pode perfeitamente aplicar parte de sua carteira em ativos de prazos mais longos (como títulos do tesouro) e ativos de maior relação retorno/risco (como ações) para se beneficiar de juros mais altos.

Mais tarde, já adulto, vai entrar na fase de consolidar tudo o que conquistou. Nessa hora, é normal que se mantenha avesso a riscos e prefira aplicações de risco moderado. E, quando entrar na fase de preservar e usufruir suas conquistas patrimoniais, a ordem é privilegiar investimentos de baixo risco.

Resumindo esta estratégia: levando-se em conta o seu momento de vida, suas contribuições mensais no início do plano seriam direcionadas para títulos de renda fixa de longo prazo de alta rentabilidade e também para ações, que podem ser importantes para alavancar a rentabilidade do seu investimento. Depois, à medida que o tempo passa, o perfil de risco de sua carteira voltaria para um perfil mais moderado, terminando com perfil conservador.

Cláudio gostou da ideia e deseja conhecer os números, para saber se vale a pena correr um risco maior no início do plano. Para poder comparar, fez uma simulação com juros fixos de 1% ao mês durante todos os 20 anos e outra com juros maiores no início e depois decrescentes, também pelo prazo de 20 anos.

TABELA 4 - JUROS FIXOS DE 1% AO MÊS

Final do Ano	Taxa de Juros (ao mês)	Valor do Investimento Mensal R$	Valor Acumulado em R$
1º ano	1,00%	841,58	10 780,07
5º ano	1,00%	841,58	69 418,88
10º ano	1,00%	841,58	195 531,92
15º ano	1,00%	841,58	424 641,07
20º ano	1,00%	841,58	**840 862,91**

Como se vê, Cláudio ficou "quase" milionário aos 45 anos, conquistando uma reserva de R$ 840.862,91 apenas 20 anos depois de iniciar seu plano. É verdade que faltou pouco, mas o fato é que ele não conseguiu atingir R$ 1 milhão.

A segunda simulação de Cláudio previa taxas de juros decrescentes ao longo do tempo. Vamos considerar que ele aplicou seu dinheiro a 1,5% ao mês nos 10 primeiros anos, 1,2% nos 5 seguintes e 1% nos últimos 5 anos do plano. Investindo os mesmos R$ 841,58 mensais do exemplo anterior, Cláudio teria:

TABELA 5 – TAXAS DE JUROS MAIS ALTAS NO INÍCIO E DEPOIS DECRESCENTES

Final do Ano	Taxa de Juros ao mês	Valor da Poupança Mensal R$	Valor Acumulado em R$
1º ano	1,50%	841,58	11 139,85
5º ano	1,50%	841,58	82 186,91
10º ano	1,50%	841,58	282 987,60
15º ano	1,20%	841,58	653 105,79
19º ano	**1,00%**	**841,58**	**1 104 993,15**
20º ano	1,00%	841,58	**1 255 914,01**

A simulação nos mostra que Cláudio fica milionário antes mesmo do final do 19º ano, com sua reserva atingindo R$ 1,104,993.15.

A diferença em 20 anos realmente impressiona.

Antes, ao investir com juros fixos de 1% ao mês, a reserva financeira atinge apenas R$ 840,862.91 no 20º ano.

Nesta última simulação, investindo com juros maiores no início, no 20º ano a reserva atinge R$ 1,255,914.01. Uma diferença de R$ 415.051,10.

Então, bem-vindo à mágica da capitalização dos juros! Percebe como é importante brigar por cada décimo de taxa de juros quando você faz um investimento?

#HISTORINHADEBILIONÁRIO: *Se há um bilionário que tem muito a nos ensinar sobre juros e investimentos, ele é Warren Buffett, fundador da maior empresa de investimentos do planeta, a Berkshire Hathaway, com sede nos Estados Unidos. Warren tem uma história de vida única. Sabe-se que ele começou a ganhar dinheiro entregando jornais e fazendo outros "bicos". E que logo encontrou sua verdadeira vocação: identificar companhias cujas ações estavam baratas, esquecidas pelo mercado. Para isso, mostrou uma capacidade sem precedentes para pesquisar e interpretar as análises produzidas pela Moody's (sim, essa mesma Moody's que tira o sono do governo brasileiro quando avalia e ameaça rebaixar o rating do país, o selo de bom pagador). Warren era ainda um colecionador compulsivo de notícias e adorava a companhia de recortes de jornais e relatórios de empresas. Era uma máquina de aprender e fez isso durante toda a sua vida – na verdade, continua fazendo até hoje. Graças a Warren e seus mestres, hoje podemos investir no mercado de ações sob uma perspectiva inteligente, valendo-nos de uma matriz metodológica que avalia o Value Investing das empresas. Mas engana-se quem pensa que a vida de Warren foi sempre um mar de rosas. Nos últimos 50 anos, o mundo passou por várias crises – e muitas delas afetaram bastante seus negócios. Mas ele nunca se abalou, continuando a perseguir seu sonho com método e perseverança por toda a vida. Além da parte técnica, Warren Buffett nos ensinou que nem sempre a riqueza e a ostentação precisam andar juntas. Demorou muito tempo, depois de ter ficado rico, para abandonar as camisas, os ternos e os sapatos surrados que costumava usar. Poucas vezes ele se deu ao luxo de ter um carro do ano: nos anos 60, sempre que alguém lhe perguntava porque dirigia um Cadillac com 8 anos de uso, ele dizia que não desejava investir 7 mil dólares em um outro Cadillac, pois com esse dinheiro aplicado teria 250 mil dólares depois de 30 anos. Em outras palavras, Warren nos ensinou o valor do dinheiro no tempo e a mágica da capitalização dos juros. . Saiba mais sobre a trajetória e a vida de Warren Buffett na seção Bilionários Famosos.*

11 PAUSA PARA REFLEXÃO

Você chegou até aqui, recebeu muita informação, mas continua sem resposta para muitas perguntas. Muita calma nessa hora, você já terá o que procura. Mas, se eu fui bem-sucedido, nesta altura do campeonato, você já deve estar convencido que:

- Não será nada legal você chegar na época da sua aposentadoria sem uma reserva financeira robusta.
- Conquistar R$ 1.000.000,00 lá na frente não será suficiente para fazer de você um verdadeiro milionário.
- É possível ficar milionário de verdade engajando-se em um projeto consciente de uso e aplicação do dinheiro, tirando proveito da capitalização dos juros ao longo do tempo.
- Para ficar milionário, você vai ter que trabalhar bastante, como os ricos.
- Você não precisa tornar-se uma pessoa sovina para ficar rico.
- Quanto mais cedo você começar a poupar, melhor. Quanto mais grana você poupar todos os meses, mais cedo se tornará milionário.
- Você já sabe o caminho das pedras para fazer uma simulação financeira colocando as variáveis que representam a sua situação, como:

- Valor que você pode poupar todos os meses
- Taxa de juros coerente com seu perfil de investidor
- Tempo desejado para atingir seu objetivo
- Valor da reserva desejada

- Com a capitalização dos juros em prazos longos, faz muito sentido buscar melhorar cada décimo de taxa de juros quando for investir.
- O conselho "Não deixe para amanhã, comece a guardar dinheiro hoje" continua fazendo muito sentido.
- Tudo que você precisa fazer daqui para a frente é aumentar sua renda, racionalizar seus gastos, poupar com disciplina e pensar como rico.

PARTE 2

COMO AUMENTAR SUA RENDA

12 INVISTA NA SUA CARREIRA

Nos capítulos anteriores, procuramos mostrar o que você pode fazer para acelerar o processo de conquista da riqueza. Você pôde comprovar o poder da capitalização dos juros e viu o quanto é importante poupar com disciplina e conseguir uma boa taxa de juros para sua carteira de investimentos.

Mais à frente, vamos falar de racionalização de gastos e fornecer dicas para você investir com sucesso, explicando quais são as modalidades de investimento mais atraentes do mercado financeiro brasileiro. Vamos falar ainda de perfil de investidor e fazer sugestões de alocação de ativos para sua carteira de investimentos.

Mas, em todo projeto de independência financeira, há algo que é tão ou mais importante do que um investimento bem-feito: estamos falando da sua capacidade de ganhar dinheiro, de "colocar dinheiro para dentro de casa".

Se você trabalha por conta própria, como profissional liberal, prestando serviços ou vendendo produtos, sabe o quanto o seu esforço de vendas é importante para gerar receitas. Sabe que é preciso ir à luta e matar um leão a cada dia. Um projeto como esse, de ir atrás de sua independência financeira, pode ser o estímulo de que você precisa para trabalhar mais, vender mais, conquistar mais clientes e aumentar a sua capacidade de investimento.

Se você é assalariado, precisa estar atento a tudo o que possa ajudar a aumentar seus rendimentos, e isso passa por investir na sua carreira, evoluir profissionalmente e conquistar uma posição mais relevante na empresa onde trabalha. Mas não se iluda: nem sempre é possível dar uma bombada no salário de uma hora para outra. Em geral, a progressão salarial acontece aos poucos. Por isso, não descuide de sua formação. Graduação em faculdade é bom, mas MBA é muito melhor – ainda mais se você já trabalha em uma empresa que valoriza a meritocracia e o funcionário "high potential".

Aumentar a sua renda mensal líquida de uma hora para outra não é tarefa trivial, você precisa se engajar em um plano de longo prazo. Poucas pessoas conseguem, com sucesso, convencer o chefe a conceder um aumento de salário fora de época ou melhorar o valor de um bônus. Mas algumas acabam sendo bem-sucedidas.

São as pessoas que conseguiram se tornar "indispensáveis" para a empresa. Então, eureka: é nisso que você deve trabalhar. Torne-se um funcionário mais graduado, exemplar, uma máquina de aprender. Trabalhe sério e vista a camisa da empresa se quiser ficar elegível a um belo bônus lá na frente. Se você já recebe bônus, sabe que ele pode variar em função de múltiplos fatores, como os resultados conquistados pela empresa, as condições de mercado e, é claro, o seu próprio desempenho. Mas atenção. Se algum dia você receber um bônus inferior ao que esperava, não incorra em um erro comum: reclamar ou compartilhar o seu desagrado com colegas. As paredes têm ouvidos e você só tem a perder.

É comum que as pessoas reclamem do bônus recebido. Mas, pode acreditar: comentar com seus colegas que você não gostou do seu bônus só vai piorar as coisas. Experimente fazer diferente: se o valor do bônus foi baixo, faça uma análise desapaixonada de seu próprio desempenho, descubra seus pontos fracos, trabalhe dobrado, atinja suas metas e veja o que vai acontecer depois. Se sua performance for boa – e se mesmo assim o valor do bônus seguinte continuar decepcionante –, siga este conselho: fique gelado no trabalho e prefira chutar as paredes em casa. Depois, com calma, desencane da empresa e comece a procurar uma colocação melhor, preferivelmente em uma companhia que se orgulhe de sua meritocracia.

No decorrer de sua trajetória profissional, há muitas coisas que você deve fazer – e outras tantas que deve evitar. Vários anos de janela e umas tantas bobagens que fiz (ou assisti a outros fazendo) ao longo de minha carreira em empresas de grande porte me autorizam a fazer algumas recomendações para você. Mas, como não sou de RH, resolvi melhorar minha *expertise* na área, pois todo aquele que consegue ter uma carreira profissional de sucesso tem muito mais chances de se tornar milionário com mais facilidade – que, afinal, é o tema deste livro.

Conversei com gente que entende do assunto, como Maira Habimorad, profissional com vasta experiência na área de Recursos Humanos. Maira e sua sócia, Sofia Esteves, são responsáveis pelo sucesso das empresas DMRH e Cia de Talentos, com sede em São Paulo. Elas são autoras do livro *Sua Carreira*, lançado em 2015, escrito em parceria com Dony de Nuccio. A obra é uma fonte inesgotável de boas dicas sobre carreira e traz informações valiosas para a pessoa que deseja avançar no mercado de trabalho e construir uma trajetória profissional de sucesso. Eventuais erros relativos aos conceitos que aprendi no livro e vou procurar repassar a você devem ser creditados a mim. Acertos, a elas.

Como turbinar sua carreira, aumentar suas chances de conseguir uma promoção, receber um aumento de salário e passar a ganhar um bônus atrativo? Acho que você vai gostar do conteúdo que segue. Há até uma lista de DOs e DON'Ts para você refletir. Então vamos lá.

Não espere uma receita mágica e universal, mas sim um conjunto de ações que você pode adotar ao longo de sua trajetória profissional. Mesmo correndo o risco de começar logo com um clichê, que tal adaptar para a sua vida aquela frase emblemática do ex-presidente John F. Kennedy em seu discurso de posse em 1961? "Não pergunte o que sua empresa pode fazer por você: pergunte o que você pode fazer por sua empresa."

Você precisa evoluir profissionalmente. Sempre. Independentemente de onde estiver trabalhando, invista continuamente em você. Ponto final. Como é o seu dia a dia no escritório? Se você tem necessidade de se comunicar com clientes ou com seus superiores, precisa se expressar corretamente, verbalmente ou na forma escrita. A língua portuguesa é difícil e complexa – e é por isso que muita gente tem dificuldade para escrever. Se você comete erros de português ou tem dificuldade para se expressar, invista em um curso de redação e gramática da língua portuguesa, que afinal é o seu idioma. Quando um recrutador encontra um erro de português no seu currículo (CV), o destino final do seu CV já está selado: ele vai para a lata do lixo.

Além do seu português, como está o seu inglês e o seu espanhol? São duas línguas que todo mundo deve e precisa saber falar (e escrever). O espanhol é mais fácil, mas engana-se quem acha que não é preciso estudar. Quem assim pensa provavelmente fala portunhol em Buenos Aires ou Miami achando que está falando castelhano.

O inglês então, nem se fala. Sem o domínio desse idioma, você não vai a lugar nenhum. Nem vou me alongar sobre o tema e as vantagens de dominar o inglês. Saber falar inglês virou *default*, obrigação.

Outro investimento em você: domine todos os programas do pacote Office, sejam eles quais forem na época que você estiver me lendo.

Quando menos você esperar, seu chefe pode lhe pedir uma mãozinha em uma apresentação em PowerPoint ou uma ajudinha para descobrir por que a bendita planilha de Excel está dando pau.

E se sua empresa promove cursos de capacitação i*n house*, inscreva-se em todos. Pega bem mostrar que você se importa.

Há muitos outros modos de você investir em você. A ideia aqui não é esgotar o assunto, mas reflita sobre estas questões:

- Você sabe exatamente o seu papel dentro da empresa? O que a empresa espera de você?
- Você conhece a missão e os valores da sua empresa? Acredita neles?
- Qual é a avaliação que seus chefes fazem de você e de seu trabalho? Essa avaliação coincide com a sua própria avaliação a seu respeito?
- Você tem colegas que fazem um trabalho semelhante ao seu? Como se compara a eles em termos de desempenho?
- Você gera lucro para a companhia? Seu setor é centro de lucros (vendas, por exemplo) ou é um centro de custo (contabilidade, auditoria)?
- Se você trabalha em um centro de custo, sabe responder de bate-pronto qual é a real importância do seu trabalho para a empresa?
- Você faria falta para a empresa caso arranjasse um emprego melhor e fosse trabalhar na concorrência?

Você precisa ter uma boa resposta para todos esses questionamentos, pois eles vão indicar seu grau de vulnerabilidade ou de sucesso dentro de sua empresa. Seja honesto e reflita sobre suas respostas. Elas podem ajudar você a entender como a empresa "percebe" você e como anda sua moeda de troca.

Agora, vamos para algumas outras situações. Suponha que você esteja se candidatando a uma vaga em outra empresa. De cara, seu entrevistador lhe pergunta: "No que você é realmente bom?" Se você não tiver a resposta na ponta da língua, está fora. Você tem que ter uma resposta convincente. Caso contrário, seu entrevistador vai preferir falar com outro candidato.

O telefone agora toca, seu chefe lhe chama e faz a seguinte pergunta: "Por que mesmo eu preciso pagar um salário a você?" Qual seria sua resposta? Se não responder de bate-pronto, seus dias na empresa podem estar contados. Se você acha essas perguntas cruéis na teoria, pode apostar que, na prática, elas são piores. Insisto: você deve ter respostas para perguntas diretas. Se você não souber dizer ao seu empregador por que ele deve pagar o seu salário ou o seu bônus - ou se não conseguir dar uma resposta convincente -, pode apostar que em breve ele deixará de pagar. Se isso acontecer, não vai adiantar nada dizer que você chega sempre no horário ou que fica mais tempo depois do expediente. Essas são condições que podem até ser necessárias, mas certamente não serão suficientes para você avançar na sua carreira ou impedir que esteja na próxima lista de cortes.

#MOMENTODEVANEIO: *Logo no início da minha carreira, trabalhei em uma grande empresa nacional na função de gerente financeiro. Naquela época, assim que fui contratado, "herdei" uma equipe composta por 14 funcionários, entre analistas e assistentes financeiros. Cedo notei que todo mundo fazia hora extra e por isso resolvi questionar algumas rotinas de trabalho e adotei algumas providências para ganhar eficiência. Ato contínuo, proibi o pessoal de fazer hora extra. Sabe o que aconteceu? A qualidade do trabalho melhorou e todos os jobs passaram a ser executados durante o expediente normal. Todo mundo voltou a sair no horário, no caso às 18 horas, exceto um funcionário, que continuou saindo mais tarde, mesmo sem receber hora extra. Em um primeiro momento, eu até pensei: que sujeito dedicado! Ficando mais atento, em breve descobri o porquê de tanta "dedicação". O cara simplesmente não conseguia finalizar as plani-*

lhas e a conciliação bancária no mesmo tempo que os demais. Então, no caso dele, ficar trabalhando depois do expediente foi um fator de queda na avaliação - e não o contrário. Então, cuidado. Esforce-se para fazer o seu trabalho com eficiência, apenas durante o expediente. Se você acessa o Facebook durante o horário de trabalho ou fica até mais tarde apenas para ver o que se passa nas redes sociais, tome muito cuidado. Às vezes o chefe está mais de olho em você e é menos otário do que pensa.

O que fazer então para "blindar" sua carreira, conseguir aumentos reais de salário ao longo do tempo e subir na hierarquia da empresa? Antes de trazer a você algumas sugestões, vamos falar de duas verdades inconvenientes.

Primeira: você precisa estar consciente que sua grande moeda de troca já foi gasta quando entrou na empresa. Por quê? Porque, quando alguém é convidado a sair da empresa A para ir trabalhar na companhia B, essa é a hora de alavancar salário e arrancar um compromisso de carreira. Se os caras precisam de você, é nessa hora que você tem chances de turbinar seu salário.

Segunda verdade: "santo de casa não faz milagre". Desculpe, salvo com raras exceções, isso também se aplica a você. Por isso, se sua empresa não pratica a meritocracia com regras claras, para obter um aumento real de salário você vai precisar batalhar de verdade. Lembra-se daquela pergunta que o chefe fez ao subordinado? "Por que mesmo eu preciso pagar um salário a você?"

Se você acredita que merece um aumento pelos bons resultados que traz para a empresa e que conseguirá ser convincente na conversa com seu chefe, não hesite. Vá em frente: convide-o para um café ou peça uma reunião (dependendo do grau de intimidade que tiver) e toque no assunto.

Em vez de esperar que ele comece a conversa, beneficie-se do elemento surpresa. Saia na frente e diga algo assim: "Antes que me pergunte por que motivos você deveria me dar um aumento, quero lhe dizer por que sou merecedor(a) de um aumento". A partir daí você põe à prova a sua capacidade de argumentação, explicando por que é tão importante para a empresa. Vai brotar um frio na barriga? Vai. Mais do que normal, pois você não sabe como seu chefe irá receber sua demanda, embora já saiba que nenhum chefe gosta desse assunto (mesmo quando o dinheiro que está em jogo não é dele).

Ao pedir um aumento, você não pode errar. Saiba a hora certa de falar com seu chefe e prepare-se para colecionar argumentos fortes e ter respostas firmes e diretas na ponta da língua. Mas adie a conversa se o cara estiver megaocupado, ultraestressado ou sob forte pressão do próprio chefe, ou ainda se ele olhar para você por cima dos óculos. Em casos assim, a chance de receber um sonoro NÃO antes mesmo de abrir a boca é de 100%.

Além de escolher a hora certa, ou pelo menos a que lhe parecer mais adequada, tenha paciência e não se afobe. Afine seu discurso e memorize todas as razões pelas quais você merece um aumento. Lembre-se de sua vida na empresa em passado recente. Você fez algum tipo de sugestão que gerou economia ou contribuiu para um aumento de vendas? Você mudou de cargo, ou foi promovido, ou assumiu mais coisas para fazer sem que isso fosse acompanhado de um aumento de salário? Você sabe se seu salário está defasado com relação ao mercado? Pesquisou direitinho? Se o seu salário estiver abaixo ou perto da média dos profissionais do seu nível no mercado, esse é um bom argumento para usar com seu chefe. Agora esqueça o seu colega ao lado. Nada de se comparar dentro da empresa ou com seus colegas, você só tem a perder.

Fácil falar, né? Mas, coragem! Considerando que o NÃO você já tem, vá atrás do sim. Se você não tiver sucesso no seu pleito, procure não sair de mãos abanando. Não desista da guerra, afinal você apenas perdeu a primeira batalha. Para se preparar ainda melhor para a próxima, que tal gerar uma saia justa para seu chefe, para utilizar no futuro? Primeiro, peça a ele para ele lhe dizer, de modo transparente, as razões pelas quais não está atendendo seu pedido. É você que não merece ou é a empresa que não está podendo lhe dar um aumento? Quais são suas chances no futuro? Elas vão aumentar assim que a situação econômica melhorar? Há mais chances se houver uma normalização do faturamento? Situe-se, tente arrancar do seu chefe o máximo de informações possível. Você pode precisar delas no futuro.

Se a questão for desempenho, comprometa-se com um plano de trabalho que tenha metas claras, números que se forem atingidos por você podem resultar em aumento ou promoção. Antes de terminar a reunião com seu chefe, tente uma "cartada" final: solicite uma nova data ou pergunte a ele quando poderiam voltar a falar de resultados e remuneração. A partir daí, é com você. Replaneje seu futuro na empresa e visualize exatamente aonde quer chegar. Reinvente-se, seja proativo e criativo. Mantenha-se focado no seu trabalho, "contamine" seus colegas com energia e bom humor. Pense na empresa como se fosse o seu próprio negócio, contribua com sugestões que melhorem a produtividade ou resultem em ganhos para a companhia. Controle de modo preciso o seu próprio desempenho, vá anotando os resultados que traz para a companhia. Sempre que a oportunidade aparecer, peça feedback do seu trabalho. Assim, se você evoluiu, vai logo ficar sabendo se esse esforço foi "percebido" pelo seu chefe. De qualquer modo, prepare-se. Em algumas empresas, e em determinadas situações, é muito difícil obter um aumento. Muitas vezes os salários estão organizados por faixas. Veja se você está acima ou abaixo da sua faixa. Se estiver abaixo, as coisas podem ser mais fáceis para você. *Contrario sensu*, mais difíceis. Nesse caso, para ter aumento, você vai ter que lutar por uma promoção.

Nada é fácil no mundo corporativo, mas, nas empresas que valorizam a meritocracia, os processos de promoção são bem estruturados. Faça um trabalho investigativo, observe mais de perto as pessoas que foram promovidas e as razões de seu sucesso. Quais foram os *key issues* que pavimentaram o caminho da promoção de alguns de seus colegas? Especialização e experiência no campo de atuação? Resultados?

Se você tiver a sorte de ter um chefe que não se apropria do seu trabalho, é importante que o convença a mostrar à alta administração que o trabalho foi feito por uma equipe, à qual você pertence. Em qualquer situação, você não pode descuidar de sua visibilidade. A galinha bota o ovo e canta. Se você ficar sempre quietinho ou quietinha no seu canto, evitando se expor, não ganha visibilidade. Mostre a sua cara, inclusive nas festas de final de ano e nos eventos corporativos, onde você vai colocar em prática tudo o que aprender sobre networking, nosso próximo tema.

Como você vê, quando o assunto é obter um aumento de salário ou conquistar um bônus mais robusto, há sempre muita lição de casa a fazer. Se, após fazer a sua parte, você não receber a contrapartida, analise suas possibilidades e repense sua estratégia de fazer carreira nessa empresa.

#HISTORINHADEMILIONÁRIO: *Sempre que eu ouço a palavra meritocracia, o primeiro nome que me vem à mente é o de Jorge Paulo Lemann, o bilionário brasileiro que ocupa a posição nº 1 no ranking da revista Forbes de 2015. Nasceu no Rio de Janeiro e foi criado em uma família que sempre valorizou a ética, a disciplina e o trabalho, valores que se tornaram pilares de sua formação intelectual. Sua trajetória profissional comprova: não existe caminho fácil para o sucesso pessoal e empresarial. Para alcançá-lo, é preciso sonhar grande, cercar-se de gente competente, manter-se focado nos objetivos traçados, ter muita determinação para enfrentar desafios, despender um esforço intenso e sustentado para não desistir diante de obstáculos e, principalmente, cultivar um saudável fanatismo para trabalhar. Em todas as empresas que comandou, ele foi capaz de implementar uma cultura organizacional muito peculiar. Quem trabalhasse bem e trouxesse resultados para a companhia era regiamente recompensado. Quem não atingisse as metas estava fora. Simples assim. Trabalho duro, determinação, ousadia, ambição na medida certa, persistência, foco, eficiência, meritocracia... o que mais ajudou esse surfista de Copacabana e campeão de tênis a ir mais longe? Para Lemann, fez uma enorme diferença a sua capacidade de cercar-se de profissionais extremamente capacitados, que com ele executaram um formidável trabalho em todas as empresas que compraram ou criaram. Uma história que não tem prazo para terminar e que você pode conhecer em detalhes no final do livro.*

13 CUIDE DO SEU NETWORKING

O que é networking? Na falta de melhor tradução, networking pode ser definido como rede de contatos. A palavra nada mais é do que a união dos termos em inglês "net" (rede) e "working" (trabalhando). No mundo dos negócios, é usada para dimensionar, qualificar ou quantificar a rede de contatos de uma pessoa. Ou seja, o networking indica a capacidade de um indivíduo estabelecer relacionamentos comerciais, profissionais e de amizade com outras pessoas.

Quanto melhor for o networking de uma pessoa, maior é a sua capacidade de aproveitar oportunidades de crescimento profissional. Quem "cultiva" um bom networking tem mais chances de colher resultados melhores do que pessoas que não conhecem a real importância de uma rede de contatos ativa. De modo geral, as pessoas com bom networking - ou que transitam em mais de um grupo - são bem informadas e antenadas. Para elas, obter uma nova colocação profissional ou realizar bons negócios é uma tarefa menos complicada do que para pessoas mais voltadas para si mesmas. Afinal, estão mais atentas ao que acontece no mercado de trabalho. Em outras palavras, estamos falando de um sistema de suporte em que existe partilha de informação e reciprocidade entre indivíduos ou grupos que têm um interesse em comum.

Networking é sinônimo de compartilhamento de experiências, pois há sempre muito a aprender com pessoas que tenham histórias de vida diferentes e exemplos a serem seguidos. Por que mesmo estamos falando de networking aqui? Porque o seu projeto de conquista de liberdade financeira pressupõe um fluxo contínuo de aportes financeiros ao longo de sua carreira profissional. Se esse fluxo for interrompido em função de uma perda de emprego, ainda que temporária, a acumulação da sua reserva financeira pode ser prejudicada. E, como, na minha opinião, o networking é a melhor maneira de você conquistar uma nova posição no mercado de trabalho, faz muito sentido você se esforçar para manter uma rede de contatos de qualidade.

Como está o seu networking? Quando você deve começar a construir uma boa rede de contatos? Ontem. Então, considerando que ontem já era, comece agora mesmo. Segundo o consultor Max Gehringer, networking é "uma questão de paciência e não de urgência".

Mas, antes de partilhar algumas dicas para você estruturar um networking de qualidade, que tal dar uma olhada mais de perto na sua rede de contatos atual? Mais uma vez, fui perguntar para quem entende como isso pode ser feito de forma prática.

Maira Habimorad e Sofia Esteves propõem algumas questões para o leitor avaliar a qualidade do seu próprio networking. Segundo elas, "seu networking é bom se...

- Você rapidamente consegue pensar em pessoas com quem possa buscar informações, pedir ou oferecer ajuda.
- Você tenta contato com as pessoas que conhece e é atendido.
- Você conseguiu, nos últimos tempos, ajudar e ser ajudado por pessoas de seu relacionamento.
- Você consegue ser apresentado a pessoas que ainda não conhece, mas que seus contatos conhecem.
- Você recebe mensagens e ligações frequentes e é convidado para eventos e encontros.
- Você tem seu trabalho reconhecido por colegas de outras áreas de negócio de sua empresa, estejam ou não suas atividades relacionadas às deles.

Contrario sensu, seu networking precisa melhorar se...

- Você não consegue se lembrar de ninguém quando precisa de ajuda ou informações e também não recebe retorno das pessoas com as quais tenta entrar em contato.
- Você não consegue ajudar quando alguém pede auxílio para se recolocar no mercado.
- Você não recebe convites para eventos ou atividades relevantes para sua atividade profissional e raramente recebe mensagens ou informações de seus contatos.

- Você é pouco acionado para participar de atividades ou projetos multidisciplinares dentro da empresa onde atua.

Reflita sobre essas questões, pois elas darão a você pistas importantes para avaliar a qualidade do seu networking. Se alguém disser a você que existe um método 100% eficiente para montar um ótimo networking, desconfie. Não existe nenhuma receita que possa ser seguida e aplicada a todas as pessoas.

Para começar: networking se faz todos os dias. Sabe aquela moça simpática que faz esteira ao seu lado na academia? Ela pode ser uma executiva de contas de um banco de investimentos. Lembra-se daquela jovem "descolada" que você sempre encontra no cabeleireiro? Ela pode ser gerente de produtos de uma grande empresa. Sabe aquele seu vizinho aposentado? Ele ainda pode ter contatos importantes naquela multinacional onde você quer trabalhar. Os exemplos não param por aí: clubes esportivos, supermercados de bairro, pracinhas e parques onde você caminha, reuniões de pais e mestres em escolas, templos religiosos, reuniões de condomínio... em todos os momentos de sua vida, há espaço para networking. Trate bem as pessoas, seja simpático(a), conhecendo-as ou não.

#MOMENTOFGV: *Considere também outras estratégias como ponto de partida. Se você ainda está na faculdade, invista na relação com professores. Há muitos docentes que não são apenas professores, é gente com experiência no mercado de trabalho no qual você pretende atuar. Quando eu estava na faculdade, no início dos anos 70, ninguém falava em networking. Mas, sem ainda saber como valorizar adequadamente a minha rede de contatos, acabei sendo beneficiado por ela. O fato é que consegui um excelente emprego única e exclusivamente por conta de uma recomendação do meu mestre de finanças da FGV, que era consultor de uma grande empresa industrial. Em um dado momento, essa empresa decidiu abrir o capital e lançar ações na Bolsa de Valores de São Paulo. Como muitas empresas familiares da época, sua contabilidade estava uma bagunça e impedia que os balanços fossem auditados. Coube ao professor da FGV procurar um profissional que tivesse perfil para liderar uma equipe de contadores e auditores e assim colocar ordem na casa. Entre os mais de 30 alunos da classe, ele me indicou para a posição. E, como ele era considerado um guru pela empresa, fui imediatamente entrevistado e contratado. Por que ele sugeriu o meu nome entre todo mundo? Boa pergunta, talvez tenha sido pela minha participação em aula, pelas minhas notas e pelo meu genuíno interesse em saber mais sobre tudo o que ele ensinava. Pelo jeito, eu tinha um bom networking e não sabia.*

Portanto, comece agora mesmo a dar mais atenção ao seu networking. Se você já é formado e nem lembra mais com quem se relacionou nos seus tempos de escola, comece a retomar contato com todo mundo, de amigos de infância a colegas da faculdade. Além da possibilidade de recordar momentos e histórias que marcaram uma época importante de sua vida, você pode retomar amizades. Onde estão os seus antigos colegas hoje? Qual será a experiência profissional de cada um? Você pode se surpreender com amigos que iam mal na escola e que se deram muito bem na vida profissional. Os nerds de ontem podem ser dirigentes de multinacionais, de bancos de investimento ou estarem ocupando postos de destaque no setor público. Deixe a timidez e a preguiça de lado, procure-os sem pedir nada, faça contato só para saber como estão. Você pode se surpreender com a receptividade do seu contato, dar boas risadas e, com o tempo, identificar interesses comuns. Para isso, utilize também as redes sociais, a nova matéria-prima do marketing pessoal. O LinkedIn e o Facebook são bons exemplos. E por falar em Facebook...

#HISTORINHADEBILIONÁRIO: *Mark Zuckerberg, criador do Facebook, é um bilionário que deve sua trajetória meteórica rumo ao primeiro bilhão graças a uma ideia inovadora. Em 2008, aos 23 anos de idade, ele se tornou o mais jovem bilionário da história, ao criar a maior rede social do mundo. Se você assistiu ao filme "A Rede Social", já sabe como o Facebook nasceu. O personagem que aparece na telona mostra um jovem nerd obstinado, que acreditou em uma ideia e fez de tudo para torná-la viável. A película foi aclamada pelos críticos americanos, mas não agradou a Zuckerberg, que não gostou do modo como alguns aspectos de sua vida foram a público: embora tenha sido retratado como um hacker e programador brilhante, o filme também revela seu lado sombrio e arrogante. Mark Zuckerberg enfrentou duas disputas judiciais antes de ficar com o controle total do Facebook, uma delas promovida pelo brasileiro Eduardo Saverin, seu primeiro sócio, e outra pelos gêmeos Cameron e Tyler Winklevoss e mais um colega, que o acusaram de ter "roubado" suas ideias. Mark Zuckerberg é um ótimo representante dos jovens geniais que usam seu talento para criar e desenvolver produtos inovadores para a internet. Ele reúne as características que compõem o perfil de alguém que deseja ficar rico, todas já mencionadas aqui: foco, determinação, ambição, persistência, coragem, ousadia, trabalho, trabalho, trabalho."*

Ainda sobre networking, que tal estas dicas:

- Não recuse convites para aquelas (algumas vezes chatas) reuniões de ex-alunos do ensino médio e da faculdade. Não perca nenhuma. Sempre que possível, participe de seminários e eventos que possibilitem a você aperfeiçoar-se profissionalmente e conhecer novas pessoas.
- Tenha sempre em mãos o seu cartão de visitas e não tenha vergonha ou receio de pedir o cartão das pessoas interessantes que conhecer. Não perca nenhuma oportunidade de se apresentar a gente que possa de alguma forma se tornar importante para você.
- Quando você for recebido em uma reunião de negócios, mande um e-mail de agradecimento assim que voltar ao seu escritório. Se a reunião foi boa e proveitosa, não economize palavras. Agradeça e diga que espera manter contato.

Ao mesmo tempo que mapeia seus novos antigos amigos, fique de olho nos profissionais com os quais interage. Sabe aquele cara que "conhece todo mundo"? Mantenha-se por perto e invista nesse contato.

Esporte é ótimo para networking. Um jogo de tênis, uma corrida no parque, uma partida de golfe, uma conversa na academia... Além de fazer muito bem para a saúde, o esporte vai colocá-lo em contato com pessoas diferentes e dar a oportunidade para colegas – e quem sabe até mesmo seus superiores – conviver com você fora do trabalho, em um ambiente mais descontraído e sem conflitos de interesse. Isso pode fazer uma megadiferença...

Se você estiver bem empregado e contar com uma verba de representação, use-a sem dó. Happy hours, almoços, jantares e eventos alinhados aos seus interesses profissionais são boas opções para manter contato com pessoas importantes. Se não puder gastar "na jurídica", mantenha uma reserva financeira para esses gastos "na pessoa física". Assim, quando for convidado para uma palestra ou reunião de negócios, você não poderá mais se escorar na desculpa financeira para recusar o convite. Para manter seus relacionamentos ativos e em evolução, você precisa ter encontros regulares com diferentes grupos.

Se quiser se tornar uma pessoa interessante, interesse-se pelos outros. Seja curioso e cuidadoso com as pessoas. O estagiário ou o trainee que solicita a sua atenção hoje poderá se tornar o diretor de um banco de investimentos amanhã. Aliás, onde estará aquele seu estagiário "high potential", superinteligente, para o qual você deu a maior força há 10 anos atrás e que saiu de sua empresa para trabalhar em outra empresa? Que tal procurar no LinkedIn e aprender a utilizar essa ferramenta com ainda mais eficiência?

LinkedIn é uma rede social profissional lançada em maio de 2003, uma espécie de Facebook corporativo. Depois de patinar um pouco no início, o LinkedIn pegou e hoje conta com mais de 364 milhões de usuários em todo o mundo. Só no Brasil, tem mais de 21 milhões de usuários (os dados são de outubro de 2015).

No LinkedIn, os usuários registrados mantêm uma lista de contatos de pessoas que conhecem e em quem confiam. As pessoas nessa lista são chamadas de conexões. O LinkedIn tende a crescer em progressão geométrica, pois os usuários podem convidar qualquer pessoa (seja ou não usuário do LinkedIn) para tornar-se uma conexão. Com isso, cria-se uma formidável rede, que facilita a interação entre profissionais através de seus contatos mútuos.

Recentemente, o LinkedIn adquiriu a plataforma Lynda.com e lançou o canal de notícias Pulse para manter seus usuários bem informados. Com essa ação, o LinkedIn, além de se manter como o espaço ideal para encontrar pessoas e divulgar oportunidades de trabalho, firma-se também como um canal de disseminação de conhecimento.

Além das estruturas de headhunting, muitos empregadores buscam candidatos potenciais no LinkedIn. Agora veja que interessante. O usuário do LinkedIn que identifica uma oportunidade de emprego pode aumentar suas chances de contratação se conseguir que algum dos seus contatos apresente ou endosse seu nome para a empresa contratante. Assim, antes de se oferecer de bate-pronto ao RH de uma empresa na qual deseja trabalhar, verifique se você tem, entre seus contatos, alguém que tenha algum tipo de vínculo com a companhia.

Mas nem tudo são flores. Até você pegar a mão, o LinkedIn é meio chatinho de usar. Se você é um aficionado por computadores como o Macintosh da Apple, sabe bem do que estou falando. O LinkedIn não é tão intuitivo como muita gente gostaria, está mais para um PC com Windows do que para um Mac, se é que me entende.

#UmaDicaParaVocê: *Se você quiser se tornar um* heavy user *do LinkedIn, saiba que já existem livros que fornecem dicas e informações interessantes para aumentar suas chances de sucesso. Em um deles, o americano Dan Sherman, defende que o usuário do LinkedIn adote uma postura ativa, participante e engajada nessa rede de contatos. Segundo ele, "um perfil no LinkedIn não foi feito para ser criado e esquecido". Então, dê muita atenção ao seu perfil pessoal no LinkedIn, pois ele funciona como um anúncio publicitário de você mesmo, uma vitrine de suas qualificações. Outra coisa legal: no LinkedIn você pode comprovar as informações que deseja evidenciar – e pode fazer isso através de apresentações em multimídia ou por meio de boas recomendações. Ao se candidatar a uma posição em uma empresa, se você estiver no páreo, pode saber que os recrutadores vão checar suas informações e conferir seus trabalhos antes de se comunicar com você. Em entrevista ao site Exame.com, Dan Sherman exalta quali-*

dades do LinkedIn nada triviais. Segundo ele, com o advento do LinkedIn, "hoje existe uma maneira nova de interagir. Você pode ler tudo sobre o tomador de decisão ou o gerente de contratação que você quer atingir, saber quais são os seus objetivos, o que os motiva... e criar uma mensagem sob medida para eles. Antes do LinkedIn, você simplesmente não tinha acesso a essas informações, porque elas não existiam em lugar nenhum." Sherman também fala sobre o bom e velho currículo. Segundo ele, "o LinkedIn deve ser usado junto com o currículo. Ambos têm o seu lugar na busca por um emprego. O conceito de currículo está tão cristalizado no mundo do trabalho que faz parte do imaginário dos recrutadores. Porém, currículos só conseguem mostrar quem você foi, não quem você é. As redes sociais como o LinkedIn comunicam quem você é neste exato momento. O seu perfil e as suas atividades no site têm essa função. Você precisa publicar atualizações interessantes, participar de grupos. De acordo com um estudo recente, mais de 90% dos recrutadores hoje procuram o perfil do candidato no LinkedIn antes da entrevista. Por isso, é importante manter seu perfil atualizado e, principalmente, participar das discussões para se tornar relevante." Em outro trecho dessa entrevista, Dan Sherman fala sobre DOs e DON'Ts no perfil. "Como o LinkedIn é uma rede social, você pode falar em primeira pessoa, ao contrário do que se pode fazer em um currículo. Essa é a sua chance de definir a sua marca pessoal e comunicar o seu entusiasmo pela sua área profissional." E mais: "Você precisa criar um perfil que 'venda' você, participar intensamente das discussões dos grupos, publicar conteúdo relevante, fazer networking com os recrutadores e com as pessoas que trabalham nas empresas que está mirando. Simplesmente ter apenas um perfil não é suficiente". Dan Sherman finaliza destacando o poder das recomendações no LinkedIn. Diz ele: "Ninguém vê um filme sem antes ler uma crítica (...). Da mesma forma, é crucial ter recomendações sólidas no seu perfil, que sirvam como "provas sociais" da sua competência. Busque esses feedbacks de ex-chefes, funcionários, fornecedores e colegas. Uma pessoa com boas recomendações têm mais chances de receber uma ligação de um recrutador do que uma pessoa que não tem nenhuma.

O grande DON'T para quem usa o LinkedIn, ou seja, o que você não deve fazer, também foi destacado por Sherman. "O LinkedIn é um site de networking, não um lugar em que você se inscreve e pede o que quiser a estranhos! Crie conexão com o recrutador e pessoas que estão onde você quer trabalhar. Você pode fazer perguntas a elas, elogiá-las, oferecer auxílio etc. Só depois dessa etapa você ganha o "direito" de pedir ajuda." Quer saber mais ou ter acesso a boas dicas sobre o LinkedIn? Então, confira o que os próprios profissionais do LinkedIn dizem.

Em primeiro lugar, para que o LinkedIn funcione bem para você, reserve alguns minutinhos para entender as funcionalidades e o processo de recrutamento via LinkedIn. Hoje, há mais de 50 mil empresas cadastradas no site, mas não há mais do que 1.000 empresas utilizando as soluções corporativas do site que oferecem mais funcionalidades para o recrutador - como a busca avançada por candidatos com o uso de filtros específicos do banco de dados do LinkedIn.

No seu perfil, além do básico - como uma boa foto no seu local de trabalho e seus dados pessoais (como endereço, escolaridade, cargo ou nível de senioridade, universidade onde estudou, porte do empregador atual e número de anos trabalhados na empresa –, é importante colocar o maior número possível de informações sobre você, até mesmo utilizando palavras-chave para aumentar suas chances de ser "pescado" na filtragem feita pelo recrutador.

Se está em dúvida quanto a colocar ou não uma foto, saiba que uma foto no seu perfil aumenta em sete vezes a sua chance de ser clicado.

Siga empresas onde gostaria de trabalhar: no LinkedIn, você pode acompanhar empregadores e ficar por dentro das novidades. É importante sinalizar que você está atento ao que acontece na empresa.

Para se fazer notar, você precisa mais do que um bom perfil pessoal. Procure estabelecer relacionamentos com recrutadores mesmo que não esteja procurando emprego.

Com um bom networking, as oportunidades acabam chegando de forma orgânica. Estude o perfil dos profissionais que ocupam posições na empresa em que deseja trabalhar. Assim, você descobre as competências que eles têm e confere com as suas. Você identifica onde precisa melhorar e, no processo seletivo, já sabe o que evidenciar ao entrevistador.

No LinkedIn, recomendações e "endorsements" sobre sua competência são importantes. Mas fica a dica: prefira qualidade em vez de quantidade. É melhor uma única recomendação de uma pessoa conhecida do que vinte recomendações de pessoas desconhecidas do recrutador.

Lembre-se: a formação do seu networking é um processo dinâmico. Tão importante quanto plantar uma flor é regá-la todos os dias. Ou seja, você precisa cultivar sua rede de contatos de modo ativo e não se limitar a acioná-la apenas quando precisa de ajuda ou deseja obter informações.

Dicas para você cultivar sua rede de contatos:

- Não suma do mapa: mantenha-se conectado com seus contatos mais importantes. Sempre que puder, envie uma mensagem ou compartilhe notícias que tenham a ver com seu contato. Vale até mesmo dizer que está com saudade. Melhor ainda: invista em encontros ou reuniões, vale almoço e até mesmo café da manhã.
- Fique atento às solicitações ou necessidades de seus contatos. Se puder, ajude. Seja lembrado como alguém que se importa.
- Foi convidado para algum evento? RSVP é fundamental, até mesmo para dizer que não vai. Responda todos os convites que receber. Confirme presença ou agradeça.
- Marketing de relacionamento é tudo e networking se faz de forma personalizada. Portanto, ao mandar uma mensagem para alguém, faça um texto sob medida para essa pessoa. Ninguém gosta de receber uma mensagem genérica, aquela que está na cara que foi enviada igualzinha para um monte de gente.
- Fique atento ao que acontece à sua volta. Ficou sabendo de alguma conquista profissional de algum conhecido? Não deixe de mandar parabéns sinceros e votos de sucesso.

Espero que esse conteúdo tenha servido para você refletir sobre sua carreira e alertado para a importância de ter um bom networking. Dicas ou providências que parecem aborrecidas ou chatinhas à primeira vista com o tempo se tornam naturais e, sobretudo, eficientes. Agora é a sua vez. Ninguém melhor do que você mesmo para descobrir novos caminhos, mover-se em novas direções, reinventar-se e dar um novo significado para sua vida.

14 Fazendo o dinheiro trabalhar para você

Além de investir na própria carreira, aventurar-se no mundo empreendedor pode ser uma boa ideia. Não são raros os casos em que um negócio próprio se torna maior e mais lucrativo do que o trabalho na chamada ocupação principal, com carteira assinada. Dependendo do tipo de atividade, pode ser possível desenvolver um negócio em paralelo com a carreira. Às vezes, isso só é viável com o envolvimento do cônjuge, dos filhos e até mesmo dos pais. Conheço gente que abriu um negócio só para tirar o pai aposentado do sofá e que algum tempo depois pediu as contas da empresa para trabalhar com o pai quando o novo negócio bombou e se revelou lucrativo. É o típico caso de Plano B que se transforma em Plano A.

A lógica por trás de se empenhar em ter um negócio próprio é simples: quando você é assalariado, trabalha pelo dinheiro. Quando você se torna um empreendedor (ou quando consegue uma renda passiva), faz com que o dinheiro trabalhe para você.

Mas, antes de começar a pesquisar franquias ou quebrar a cabeça sobre que tipo de negócio montar, saiba que qualquer negócio próprio envolve riscos. Se olhar as estatísticas de longevidade e de duração das empresas familiares, no Brasil e nos Estados Unidos (EUA), é bem capaz que dê uma bela desanimada. Nos EUA, quatro entre dez novas empresas fracassam no primeiro ano e seis entre dez quebram em menos de dois anos. Nove entre dez não sobrevivem até o final do décimo ano. Lá, somente quatro entre dez empreendimentos passam da primeira geração. No Brasil, o quadro é pior: apenas duas entre dez empresas chegam à segunda geração. Por que isso acontece?

Rolf Dobelli, em seu livro *A Arte de Pensar Claramente*, tem uma teoria a respeito. Ele explica que o sucesso produz mais visibilidade do que o fracasso e que as pessoas tendem a sistematicamente superestimar a perspectiva de sucesso. É o que ele chama de viés de sobrevivência. Segundo ele, para cada músico bem-sucedido, existem 10 mil fracassados. Mas a mídia não se interessa por fracassados – e isso torna a "legião de músicos fracassados" invisível para quem está de fora. Isso vale para fotógrafos, artistas, atletas, arquitetos, empresários e... empresas.

Então, muito cuidado: no mundo dos negócios, cedo ou tarde você poderá ser surpreendido pelo viés de sobrevivência. Não é toda start-up que se transforma em uma Microsoft. Na verdade, a maioria delas não sobrevive após três ou quatro anos. Mas isso não quer dizer que você deve desistir do seu sonho de montar o próprio negócio. O que você precisa fazer é ficar atento ao viés de sobrevivência. Não superestime sistematicamente a probabilidade de sucesso e jamais superestime as receitas.

Igualmente, não subestime despesas. Em vez de apenas tomar uma decisão com base nos projetos e investimentos que deram certo, analise outros que eram promissores e que tinham tudo para bombar – mas deram errado.

Rolf Dobelli anota, também, que, quando as pessoas se envolvem e se encantam demasiadamente com um determinado projeto que "vai mudar a vida", elas acabam não calculando corretamente as probabilidades de o negócio dar certo.

É o que ele chama de "negligência com a probabilidade", que conduziria a vieses de decisão. Assim, muita gente investe em uma start-up porque o potencial de lucro é tentador, mas se esquece de calcular qual é a probabilidade de que uma empresa jovem seja altamente lucrativa logo no começo de suas operações.

Franquias podem ser uma boa opção, mas, salvo melhor juízo, elas costumam ser mais lucrativas para os franqueadores do que para os franqueados. E mais: muitas franquias e operações não vão longe sem a presença diária do dono. Pense nisso.

Empreendedorismo exige altas doses de trabalho, determinação, persistência e, é claro, muita sorte. Mas não há "escolhidos", o que significa que uma pessoa é tão capaz de se tornar milionária quanto qualquer outra aqui citada.

#HISTORINHADEBILIONÁRIO: *Em novembro de 2015, o quarto homem mais rico do mundo segundo a revista Forbes era Carlos Slim, com uma fortuna estimada em US$ 77,1 bilhões. Slim, nascido em 1940, é um empresário mexicano de origem libanesa que recebeu o apelido de Midas pela sua excepcional competência de transformar empreendimentos decadentes em companhias lucrativas. Slim já ocupou a posição de maior bilionário do mundo por várias vezes, alternando esse posto com Bill Gates. Desde 2011 trava uma disputa apertada com Gates e Warren Buffett – e a partir de agora também com Amancio Ortega, da Zara. A explicação para a alternância de posições é simples: ela se deve ao desempenho das ações detidas por cada bilionário. Bill Gates está concentrado na Microsoft, mas os seus "perseguidores" mais próximos têm um portfólio diversificado em praticamente todos os setores da economia mundial. Slim começou a trabalhar aos 8 anos de idade, ainda no Líbano, ajudando no comércio tocado pela família. Seu pai lhe ensinou alguns princípios básicos para obter sucesso nos negócios, como vender produtos em grandes quantidades a baixos preços. Outra coisa que ele aprendeu cedo foi manter uma boa reserva financeira para aproveitar oportunidades de negócios. Como outros bilionários, começou a trabalhar muito jovem e não tem data para se aposentar.*

Quais os setores atraentes para os quais você deveria direcionar o seu olhar? Considerando a dinâmica dos negócios, qualquer dica fornecida hoje vai virar informação velha amanhã. Uma boa ideia é ficar ligado nas organizações que apoiam o empreendedorismo, como o Sesi, o Senai e a Endeavor. Sobre esta organização em particular, você terá mais informações à frente.

Não importa para qual setor você vai se voltar. Se você é criativo e está pronto para iniciar o próprio negócio, comece uma atividade que não exija grande investimento inicial e que não tenha custos fixos muito elevados. Procure crescer devagar, pois, quanto menos você depender de capital de terceiros, melhor. Se for tomar dinheiro emprestado, candidate-se ao juro camarada do BNDES ou de outros órgãos oficiais. Jamais tome empréstimos bancários com indexador em dólar ou outra moeda estrangeira. Você não pode correr risco cambial: juro alto aleija, câmbio mata.

No mais, você já sabe. Para começar a ganhar muito dinheiro, é preciso uma mudança de atitude e isso passa por copiar o modo como as pessoas ricas agem e pensam.

Pessoas ricas e bem-sucedidas sonham grande, são determinadas e persistentes. Elas sabem que percalços e adversidades fazem parte do jogo e não desistem facilmente. Procrastinação não combina com o rico. Rico, quando tem uma ideia e enxerga uma oportunidade de ganhar dinheiro, não deixa para o dia seguinte.

Além de avaliar a possibilidade de tocar um negócio próprio – de preferência que não exija necessariamente a sua presença e que possa ser administrado por profissionais –, procure adquirir ativos que geram renda.

Para quem já tem um capital razoável e gosta do mercado imobiliário, investir em imóveis para alugar é uma boa alternativa. Nesse segmento, garimpar oportunidades imobiliárias pode render bons frutos. Para garantir que a operação de compra e venda seja vencedora, o segredo é cercar-se de gente que entende do assunto e que possa fazer um aconselhamento imobiliário sem conflitos de interesse. O sucesso de uma aquisição imobiliária começa quando você faz uma boa compra – afinal é apenas sobre a compra que temos controle. Uma boa venda é coisa do futuro, nada sabemos sobre ela. Então, se você comprar um imóvel barato, automaticamente conseguirá um rendimento melhor, pois a taxa de retorno do aluguel em média costuma ser de 0,5% do valor de mercado do imóvel. Se pagou barato, consegue superar esses percentuais. Simples assim. Se aparecer um bom negócio imobiliário e você não tiver todo o dinheiro, explore a alternativa de financiar uma parte da compra. Dependendo das taxas de juros que conseguir, pode ser possível pagar o valor da prestação do financiamento imobiliário com o próprio aluguel mensal do imóvel. Avalie bem os riscos, os prós e os contras, cada caso é um caso. Um dos maiores riscos do investimento em imóveis é o de vacância, quando a propriedade permanece muito tempo sem alugar. Com o imóvel vazio, você não recebe aluguel mas ainda tem que continuar pagando condomínio, IPTU, seguro, contas de concessionárias públicas e as despesas de conservação do imóvel.

Se você gosta da ideia de ter um imóvel para renda, mas ainda não dispõe de dinheiro suficiente para comprar um imóvel "inteiro", que tal comprar "partes" de um imóvel? Hoje isso já é possível, é só você comprar cotas de fundos imobiliários. Além de receber uma renda mensal isenta de imposto de renda, você se beneficia também da valorização do imóvel.

Outra forma clássica de obter renda é investir em ações de empresas que têm tradição no pagamento de bons dividendos e também em uma modalidade de título do tesouro que paga rendimentos semestrais. Na seção "Seu Dinheiro", explicamos com mais detalhes o funcionamento dessas e outras opções de investimento.

#MOMENTODICA: *Muitas pessoas ficam ricas com imóveis, mesmo começando do zero. Se você tem intenção de comprar um imóvel para reformar e depois alugar ou vender, fique atento à questão tributária, caso contrário o imposto de renda (IR) vai complicar o seu plano. Uma boa sugestão é começar a sua carteira imobiliária com um imóvel de baixo valor e ir aumentando de padrão ao longo do tempo. Explicando melhor: se você comprar um imóvel por 200 mil reais, gastar 50 mil na reforma e vender por 350 mil, o Leão quer a parte dele no seu lucro de 100 mil: 15% sobre esse lucro são exatos 15 mil. Entretanto, com o dinheiro da venda, você tem 6 (seis) meses para comprar um outro imóvel de valor mais alto. Nesse caso, você fica isento do pagamento de IR. É lei, você pode. Esse é um exemplo de planejamento fiscal e tributário perfeitamente legal, algo que os ricos são craques em fazer.*

15 COLOQUE PARA RENDER JUROS TODO O DINHEIRO QUE CONQUISTAR

Desapegar é a palavra de ordem. Você já parou para pensar em todas as coisas que acumulou nos últimos anos e que não está mais usando? Talvez você tenha roupas, acessórios e objetos que valem dinheiro no mercado de segunda mão. Faça como os americanos: de tempos e tempos, eles promovem o que chamam de *garage sale*, colocando à venda tudo o que está ocupando espaço em casa. Você também pode fazer a sua *garage sale* e nem é preciso abrir sua casa a estranhos. Para atrair interessados em suas coisas, também não é preciso mandar fazer uma placa de "Família vende tudo" nem espalhar os objetos à venda no gramado em frente à garagem, como costumam fazer os gringos. Hoje, com a internet, sites como OLX, Bom Negócio, Mercado Livre são meios eficientes para você conseguir compradores. Um deles, coqueluche do momento, é o Enjoei. Quer melhor nome para expressar um sentimento que muita gente experimenta com frequência? É seu direito enjoar das coisas, mas é seu dever fazer dinheiro com aquilo que é supérfluo e não tem mais utilidade para você. Se você mora nas grandes capitais brasileiras, vai se surpreender com a quantidade de pessoas do interior do estado que costumam se aventurar por esses sites de barganhas. E não é apenas por questão de preço: às vezes certos artigos simplesmente não são encontrados nos municípios menores.

É uma questão de princípio: vá atrás de todo dinheiro que puder conquistar e direcione os recursos para seu projeto de liberdade financeira. Quanto maior o seu investimento inicial, maior será a bolada que você terá daqui a 20 ou 30 anos. Lembre-se da mágica dos juros compostos. Que tal começar agora mesmo a dar um upgrade no seu projeto de riqueza tomando providências para aumentar o seu investimento inicial? Comece pelo mais fácil: se você possui qualquer joia de ouro, tem dinheiro nas mãos. Muita gente deixou de usar joias por questões de segurança, mas isso não quer dizer que elas deixaram de ter valor.

Anéis, brincos, colares, pingentes e braceletes de ouro podem ser vendidos como peça ou por peso. Ainda existem pessoas que ficam o dia inteiro no centro de São Paulo segurando placas "Compro ouro, pago à vista", mas você não precisa mais delas. Hoje, em qualquer shopping, é fácil encontrar um quiosque que avalia a qualidade de suas peças, utiliza balança de precisão e paga você à vista, pela cotação do ouro do dia. Eis aí, portanto, uma boa fonte para você levantar dinheiro para investir. Quer mais algumas sugestões para concentrar mais dinheiro no seu projeto de riqueza? Você pode até não se lembrar – ou mesmo nem saber –, mas é certo que em algum lugar há dinheiro esperando por você. Confira:

Pontos do programa de fidelidade do cartão de crédito

Você certamente tem um ou mais cartões de crédito e é bem provável que tenha pontos no programa de recompensas do cartão. Na maioria dos cartões, cada dólar gasto equivale a 1 ponto ou 1 milha (há cartões top que dão até 2 milhas). Se você não for usar suas milhas para viajar e quiser transformá-las em dinheiro, há empresas que as compram e pagam em dinheiro. Os preços variam de empresa para empresa, pesquise na internet. Portanto, no seu dia a dia pague tudo com cartão de crédito para acumular pontos. Depois, claro, pague a fatura à vista.

Dinheiro que vem do seu CPF

Se há alguma coisa que pegou no Brasil é essa história de CPF na nota, o que é bom, pois isso ajuda a combater a sonegação fiscal. Você compra um sorvete e a mocinha do caixa pergunta: CPF na nota? Quem vive em São Paulo, por exemplo, acumula crédito na Nota Fiscal Paulista ou na Nota Fiscal Paulistana sempre que fornece seu CPF ao fazer uma compra. Então, não deixe o dinheiro nas mãos do governo. Em São Paulo, acesse o site http://www.nfp.fazenda.sp.gov.br e consulte seus créditos. Informe seu CPF e clique em Consultar. Se tiver crédito disponível para resgate, é só indicar sua conta corrente bancária. O crédito costuma ser feito em 10 dias. Funciona. Faça isso a cada 6 meses. Não deixe o dinheiro parado lá, sem render juros. Para resgatar dinheiro acumulado na Nota Fiscal Paulistana, o procedimento é semelhante. Acesse nfe.prefeitura.sp.gov.br e siga o passo a passo. Veja como funciona em seu estado e pegue o que é seu. Faça isso sempre. O valor referente aos seus créditos também é creditado em sua conta corrente, salvo se você estiver inadimplente com algum órgão municipal, estadual ou federal e acabar com seu nome inscrito no CADIN (Cadastro Informativo de Créditos não Quitados do Setor Público). Em São Paulo, por exemplo, as pessoas que têm dívida de IPTU são inscritas no CADIN municipal. Nesse caso, só vão receber seus créditos se quitarem o(s) débito(s) no CADIN.

Resgate do antigo Fundo 157

Se você não sabe que Simca Chambord, Aerowillys e Gordini são marcas de automóveis fabricados antigamente no Brasil, certamente não conhece o tal do Fundo 157, um benefício fiscal inventado pelo governo em 1967 para incentivar o mercado de ações. O Fundo 157 é um fundo de ações no qual os investidores podiam aplicar no momento em que faziam a Declaração de imposto de renda. Um benefício fiscal que permitia descontar de 2% a 4% no imposto de renda a pagar. O Fundo 157 recebeu aplicações de quem pagou IR de 1967 a 1983. Você pode não ser desse tempo, mas seu pai e seu avô eram. O Fundo 157 foi extinto há muito tempo, mas muita gente não resgatou suas cotas. Seria o seu caso? Quer saber se você ou alguém de sua família tem grana "dormindo" no Fundo 157? Acesse www.cvm.gov.br/ e clique em Consulta Fundo 157. Se você for um dos sortudos esquecidos, vá até a agência do banco responsável pela administração do fundo, saque o dinheiro e celebre.

Resgate de ações de empresas de telefonia

Este nosso país é realmente engraçado. O Brasil deve ter sido o único lugar do planeta em que o contribuinte era obrigado a declarar a posse de uma linha telefônica na Declaração de IR. Afinal, era um ativo valioso.

Um telefone chegou a custar o equivalente a US$ 4.000,00! Então, se entre os anos 70 e 90, seu pai, seu avô ou outro familiar comprou um ou mais telefones por meio dos Planos de Expansão (ou financiou Plantas Comunitárias de Telefonia) pode ser que eles ainda sejam acionistas de uma empresa de telefonia. Explico: quem se tornava acionista da operadora de telefonia fixa por força da compra de um telefone recebia ações também da empresa de telefonia celular do mesmo estado. Por exemplo, quem era investidor da Telebras recebeu ações de onze novas companhias após sua cisão, além da própria Telebras, tais como Telesp, Tele Norte Leste e Embratel. Muitas outras mudanças aconteceram também a partir de 1998 e quem ainda era acionista da Telebras em maio daquele ano, tornou-se também acionista da Telefônica Brasil, Oi, Contax, Embratel, TIM e Telebras. Se você desconfiar que é um "sortudo" acionista esquecido, vale a pena pesquisar, pois pode vender suas ações. Acesse o site dos bancos que atendem os acionistas dessas empresas. Banco do Brasil atende acionistas da Oi; Itaú atende os acionistas da Contax e Embratel e o Bradesco os acionistas da Telefônica Brasil, TIM Participações e Telebras. Se tiver direito às ações, pode vendê-las através de uma corretora ou banco conveniado com a companhia da qual é acionista.

Esses são apenas alguns exemplos para estimular você a entrar de cabeça nesse projeto. Pare um minutinho para pensar, reavive sua memória e descubra outros meios de fazer dinheiro.

Já pensou se conseguir juntar R$ 5.000,00 com todas essas providências?

Então saiba que esses R$ 5.000,00 aplicados a 1% ao mês se transformarão em R$ 179.748,21 daqui a 30 anos. Assim, que tal começar a reescrever seu futuro agora?

16 AUMENTO DE RECEITAS E REDUÇÃO DE DESPESAS

Nos capítulos anteriores, falamos sobre a importância de você aumentar suas receitas e os seus rendimentos. Esse é um trabalho constante, do qual você não deve se descuidar nunca. Se você é assalariado e tem a felicidade de gostar do seu trabalho, a evolução de sua carreira tende a ocorrer naturalmente – e com ela, as chances de você ir progredindo financeiramente aumentam na medida em que você vai sendo reconhecido. Se você é um profissional liberal, prestador de serviços, trabalha com vendas ou é um empreendedor, sabe o quanto o seu sucesso profissional depende de você mesmo. É aquela história de matar um leão a cada dia.

Mas, se as coisas boas estão demorando para acontecer, não adianta continuar fazendo exatamente o mesmo e esperar que o resultado seja diferente.

Então, procure se reinventar, mova-se em busca de novos desafios, seja protagonista de sua própria história, prove para você mesmo que é capaz de reescrever seu futuro.

Se você chegou até aqui, certamente está interessado em mudar sua vida para melhor. Agora, saindo da teoria para o campo prático, quais são as chances reais de você começar o seu projeto de liberdade financeira assim que finalizar a leitura do livro?

Se você é jovem, está na faixa de 25 a 30 anos, eu posso responder para você: muito baixas.

Por que cargas-d'água um jovem dessa idade iria hoje se privar de R$ 300, R$ 500 ou R$ 1.000 mensais para garantir uma vida melhor mais à frente? É natural que você diga que o futuro está muito distante – e que você tem tempo de sobra para pensar seriamente no assunto depois. Talvez amanhã, hoje não. Você olha seus avós e fica ainda mais tranquilo: que idade eles têm? Oitenta ou 90 anos... a sua expectativa de vida deve ser semelhante, você pensa... e conclui que realmente tem tempo de sobra pela frente. Ademais, você ainda não acredita que vai ficar velho. A velhice é algo muito distante para você. Para que serve um plano de saúde? Você raramente fica doente, no máximo pega uma gripe de vez em quando. Além do mais, que preguiça... investir todos os meses, privar-se de supérfluos, para quê? Por que levar em conta todas as dicas e conselhos recebidos? Se conselho fosse bom, ninguém dava de graça. Estou certo? É isso que você está sentindo?

Bem, se é isso o que você pensa, respeito sua opinião. De qualquer forma, escute-me.

Primeiro: o aconselhamento que você está recebendo não é de graça. Você pagou pelo livro – e minha obrigação é entregar o que prometi.

Segundo: eu já comentei com você o que a maioria das pessoas com mais de 65 anos costuma dizer: "o que mais me arrependo é não ter seguido o conselho que me deram quando eu era jovem, de começar a poupar o quanto antes".

Terceiro: os números não mentem. Lembra-se dos exemplos que provam que é muito mais fácil e econômico atingir uma reserva financeira futura quando se inicia um projeto de investimento quando jovem?

Quarto: preste muita atenção na leitura que vem pela frente, pois ainda há dois pedágios a pagar. O primeiro é mais fácil, você saberá já nas próximas linhas. O segundo vai exigir um pouco mais de sua atenção, pois você será convidado a desvendar comigo os segredos da mente milionária. Sem aprender a pensar como os ricos, o seu projeto de riqueza tem poucas chances de dar 100% certo.

Acredite: ser rico é bom e só depende de você. Então, continue a leitura e valorize cada dica se você quiser:

- Ser livre!
- Trabalhar se desejar!
- Desfrutar do prazer e da sensação de fazer suas próprias escolhas!
- Ter a liberdade de ir e vir, viajando para lugares onde o seu coração vai bater mais forte!
- Ter o poder de ajudar seus filhos e netos, custeando estudos e dando uma mãozinha para a compra do primeiro carro ou casa própria!

Vamos em frente, o futuro é agora. Vamos falar sobre o outro elemento da equação financeira, a despesa.

RACIONALIZAÇÃO DE DESPESAS

Está mais do que provado: controlando os seus gastos e aumentando o seu poder de investir, você estará preparado para ter uma vida melhor no futuro. Para isso, se tiver equilíbrio, não precisará se privar dos seus sonhos de consumo do presente. Mas fique atento: o mundo está de olho na sua grana. A qualquer momento, você pode sucumbir à tentação do consumo desenfreado. E, quando você menos percebe, está abrindo sua carteira ou sua bolsa, pegando o seu dinheiro de plástico para pagar aquela compra por impulso que pode ter destino certo: o fundo de sua gaveta. Você "aproveitou" aquela promoção de 4 vezes sem juros no cartão e saiu da loja feliz da vida com sua sacolinha de grife. Aproveite esse momento de glória, afinal o arrependimento só virá 30 dias depois, quando receber a fatura do cartão. Fui muito duro na caricatura? Desculpe, é o que acontece de verdade. Tem gente que deixa de pagar uma conta de luz no vencimento por ter comprado à prestação o par de tênis importado mais caro da loja.

Não tem o menor cabimento fazer compras já sabendo que não vai dar para quitar integralmente a fatura do cartão de crédito na data de vencimento. O preço a pagar pode ser alto demais, pois é muito difícil escapar da teia de aranha dos juros em que um devedor de cartão de crédito se enreda. Quem já teve a péssima experiência de rolar a dívida do cartão pagando a fatura pelo mínimo sabe que essa dívida é, literalmente, impagável. Quer uma prova? Vamos fazer os cálculos com dados reais: em outubro/2015, o juro cobrado por um cartão de crédito gold de grande operadora era de 14,98% ao mês, com pagamento mínimo de 15% sobre o valor financiado. Sim, você leu direito: estamos falando de um juro de 14,98% ao mês, mais de 400% ao ano. Vamos usar esses dados para ilustrar o efeito dos juros altos sobre o saldo devedor.

1º mês: compra de um produto no cartão, com dívida de R$ 3.000,00. No vencimento da fatura, é preciso pagar no mínimo R$ 450,00 (R$ 3.000,00 x 15%)

2º mês: após o pagamento de R$ 450,00, o mês se inicia com um saldo financiado e sujeito a juros de R$ 2.550,00 (R$ 3.000,00 – R$ 450,00)

3º mês: a próxima fatura já terá juros, assim calculados: R$ 2.550,00 x 14,98% = R$ 381,99. Assim, a nova fatura será de R$ 2.550,00 + R$ 381,99 = R$ 2.931,99.

E assim por diante, confira na tabela. Surpreenda-se e veja como a dívida é simplesmente impagável!

TABELA 5

Dívida ou Valor Inicial da Fatura	Pagamento Mínimo (15%)	Dívida após Pagamento Mínimo	Juros de 14,98% ao Mês	Fatura com os juros incorporados
R$ 3.000,00	R$ 450,00	R$ 2.550,00	R$ 381,99	R$ 2.931,99
R$ 2.931,99	R$ 439,80	R$ 2.492,19	R$ 373,33	R$ 2.865,52
R$ 2.865,52	R$ 429,83	R$ 2.435,69	R$ 364,87	R$ 2.800,56
R$ 2.800,56	R$ 420,08	R$ 2.380,48	R$ 356,60	R$ 2.737,07
R$ 2.737,07	R$ 410,56	R$ 2.326,51	R$ 348,51	R$ 2.675,02
R$ 2.675,02	R$ 401,25	R$ 2.273,77	R$ 340,61	R$ 2.614,38
R$ 2.614,38	R$ 392,16	R$ 2.222,22	R$ 332,89	R$ 2.555,11
R$ 2.555,11	R$ 383,27	R$ 2.171,84	R$ 325,34	R$ 2.497,19
Soma	**R$ 3.326,95**		**R$ 2.824,14**	

O que temos aqui? Oito meses após efetuar uma compra de R$ 3.000,00, o consumidor pagou 8 parcelas no total de R$ 3.326,93 e ainda deve R$ 2.497,14.

Por mais que a compra tenha valido a pena, o gasto de R$ 3.000,00 pulou para R$ 5.824,07 (correspondente aos R$ 3.326,93 que já pagou como mínimo, mais a dívida de R$ 2.497,14). E vai continuar subindo, até que o consumidor liquide a fatura ou negocie um outro tipo de parcelamento com a operadora do cartão. Pode conferir as contas. Salvo algum erro de arredondamento, elas estão corretas. Estamos, de fato, falando de uma dívida praticamente impagável. Portanto, se tiver que seguir uma única recomendação deste livro, que seja esta: não use seu cartão de crédito se correr o risco de se ver obrigado a parcelar o saldo da fatura.

MUDE DE ATITUDE COM RELAÇÃO ÀS SUAS DESPESAS MENSAIS

Eu sei que falar de gastos pessoais e racionalização de despesas é procurar encrenca. Trata-se de um assunto que pode gerar saia justa para muita gente. Mas não há como fugir do tema. Afinal, quando você consegue realizar seus gastos com diligência e sabedoria, imediatamente consegue aumentar o seu poder de poupança. Então, uma mudança de atitude com relação às suas despesas mensais precisa começar agora. Seja qual for o volume e a natureza de seus gastos, a ideia é que você reflita sobre eles. Você vai se surpreender como é fácil cortar algumas despesas sem alterar seus hábitos ou qualidade de vida. Cada um tem o seu Fator Café® ou mais de um fator (um assunto que comento mais à frente). Quais são os seus?

#MOMENTODEVANEIOPLUSRECONHECIMENTODECULPA: *Eu não sei por que a gente faz isso com a gente. Por que somos tão complicados aqui no Brasil e muito mais básicos lá fora? Por que precisamos de um carro do ano e outro de rodízio para sair às ruas no nosso trânsito caótico, enfrentar assaltantes e mendigos nos cruzamentos e tomar multa de radar escondido? Por que andamos de táxi em outras cidades e ficamos felizes da vida em alugar um carro quando viajamos? Será que é porque lá fora podemos andar de vidros abertos, sem tantas preocupações? Precisamos simplificar nossa vida. Por que manter um armário lotado de roupas se tudo que a gente precisa em uma temporada de férias cabe em uma única mala? Acho que não temos mais jeito. Eu mesmo nunca consegui seguir os conselhos de um ex-presidente de banco com o qual trabalhei. Um cara elegantérrimo. Certa vez, quando elogiei sua camisa e sua gravata, ele me disse que tinha apenas 10 camisas. E que, sempre que mandava fazer uma camisa nova, uma das velhas tinha que sair do armário. E eu posso garantir que não era problema de espaço. Quando cheguei em casa, fui contar minhas camisas. Fiquei horrorizado com a quantidade e, sobretudo, com as que encontrei sem uso. Em outra ocasião, ao visitar o apartamento novo de uma amiga da família, fiquei impressionado com o seu novo closet e com a sua coleção de jeans maravilhosamente disposta em um cabide circular acionado por controle remoto. Contei 15 calças jeans impecáveis, achei um exagero. Por que razão uma pessoa precisa de 15 jeans? Afinal, a semana só tem 7 dias! Ao chegar em casa, corri para contar as minhas próprias calças. Eu me lembrava de usar uma meia dúzia. Descobri que tinha 22 calças e 15 desculpas: algumas calças foram compradas em tamanho menor, para usar assim que eu emagrecesse (algo que nunca aconteceu). Outras saíram de moda antes mesmo que eu as usasse. Havia umas quatro que precisavam fazer a barra e as demais ainda estavam com etiqueta, eu nem me lembrava da existência deles. Fiz a mesma inspeção nos armários de sapatos. Descobri pares de sapatos idênticos e alguns outros que eu não sei como tive coragem de comprar. O culpado por tudo isso? Eu mesmo – e o meu cartão de crédito!*

Antes de ir mais a fundo na questão dos seus gastos pessoais, há uma coisa que você pode fazer imediatamente: fique longe do seu cartão de crédito e do cheque especial enquanto estiver com problemas de fluxo de caixa. Fuja dos juros como o diabo foge da cruz. Dito isso, pode ser que eu receba um olhar indulgente dos leitores que não gastam muito com juros, mas que ainda assim não conseguem poupar. Para algumas pessoas, de fato, simplesmente nunca sobra um único centavo para guardar. Então, que tal se a gente desse um jeito de fazer sobrar pelo menos R$ 300,00 no final de cada mês? Afinal, estamos falando de magros R$ 10,00 por dia, um valor que mal dá para você tomar 2 cafés expressos aqui no Brasil. Já pensou em fazer uma simples mudança de hábito que resulte em uma economia diária de R$ 10,00? Com isso, é possível que você esteja milionário na época em que se aposentar. Se estivermos raciocinando em termos de casal, basta uma economia diária de R$ 5,00 de cada um para formar uma boa reserva financeira.

Todo esse palavrório sobre café foi um modo de chamar a sua atenção para os seus gastos miúdos, coisa que a gente nem se dá conta no dia a dia. Aliás, falar de gastos com café ficou na moda depois que o escritor americano David Bach os apelidou de Fator Café® (repare que tem até a marca registrada). Essa foi uma forma criativa utilizada por Bach em um de seus seminários para chamar a atenção de pessoas que diziam não ter dinheiro para nada. Ele descobriu que muitas delas gastavam mais de 10 dólares por dia com café e rosquinhas antes mesmo da hora do almoço. E provou que, com uma simples mudança de hábitos, era possível sobrar dinheiro no final do mês. Hoje, com esse nome ou não, o Fator Café® é um conceito largamente utilizado por ele e outros escritores para mostrar a importância de cortar gastos miúdos e poupar.

Fator Pão Francês

Da mesma forma que David Bach inventou o Fator Café®, com direito a marca registrada e tudo, acho que o prof. Marcos Silvestre[8], autor do livro *12 Meses para Enriquecer, o Plano da Virada,* poderia reclamar a patente de um outro mecanismo de corte de gastos, que bem poderia ser chamado de Fator Pão Francês. Explico. Não é de hoje que o prof. Silvestre faz um trabalho muito interessante como consultor e planejador financeiro pessoal. Ele é um ferrenho defensor do método "poupar primeiro e gastar depois" e crítico da prática muito comum aos brasileiros endividados, que é de "comprar primeiro e pagar depois, com juros". Assim como David Bach e eu, ele também acha que cada pessoa tem o seu Fator Café®, ou seja, um hábito de consumo ou um estilo de vida que pode ser modificado para liberar recursos para investimento. Em seu livro, ele prova como é melhor ficar na ponta credora dos juros (ou seja, aplicar dinheiro a juros e depois comprar o bem desejado pagando à vista e com desconto) do que fazer o contrário (financiar a compra de um determinado bem e pagando os altos juros cobrados pelos bancos, financeiras e empresas de cartão de crédito). O prof. Silvestre é daqueles que, como eu, gosta de fazer a conta do impacto que um simples corte de gastos exerce na poupança de longo prazo. Por menor que seja, quando uma despesa é tratada em termos anuais, ela imediatamente deixa de ser insignificante. Detalhista, o professor estudou e fez a conta do impacto no orçamento doméstico quando a gente desperdiça alguma coisa, como um simples pãozinho francês, por exemplo. Sim, você leu direito: ele nos mostra o que ocorre nas nossas finanças quando se joga fora alguns pãezinhos que sobram. Segundo seus cálculos, uma família que compra 2 pães em excesso todos os dias, poderia economizar uma bela grana no longo prazo se comprasse a quantidade certa. Refiz as contas do professor para um único e mísero pãozinho. Assim, veja o que acontece no orçamento anual considerando o preço de R$ 1,50 para o pãozinho que foi comprado a mais: R$ 1,50 x 360 dias: R$ 540,00 por ano.

Não satisfeito, o prof. Silvestre calculou o impacto no orçamento do gasto de uma pessoa que tem o péssimo hábito de fumar. Refiz as contas: troquei o fumante do exemplo dele (que fumava um maço a cada 3 dias), por um fumante real, que "queima" um maço por dia, a R$ 10,00 cada. Se esse fumante largar de fumar, seu ganho de saúde será gigantesco, não tem preço. Em termos financeiros, esse é o ganho: R$ 10,00 x 360 dias: R$ 3.600,00.

Além do pãozinho e do cigarro, o nosso consumidor-exemplo também gosta muito de café (toma muitos durante o dia) e de cerveja (toma "todas" no final do dia). Não vamos esperar muito dele, apenas que corte um café ou uma cerveja por dia. Para quem toma muitos ou "todas", não é pedir demais. Vamos falar em uma economia diária de R$ 5,00 só nos dias úteis? Então, temos: R$ 5,00 × 22 dias × 12 meses = R$ 1.320,00.

Recapitulando: uma pessoa que não desperdiça pão, larga o cigarro e deixa de tomar um único café ou cerveja por dia, consegue fazer uma boa economia. Vamos somar e ver quanto dá no período de um ano?

- Economia de R$1,50 por dia: R$ 540,00
- Corte de gastos com cigarro: R$ 3.600,00
- Café ou cerveja (menos um ou uma): R$ 1.320,00

Soma ao ano: R$ 5.460,00

Agora imagine o impacto dessa economia ao longo de uma vida. Aplicando R$ 5.460,00 todos os anos a 12% ao ano durante 10, 20 ou 30 anos, esse será o prêmio pela adoção de hábitos mais saudáveis e controle de desperdício:

1 ano	R$ 5.460,00
10 anos	R$ 107.314,02
20 anos	R$ 440.615,10
30 anos	R$ 1.475.797,63

Pode fazer as contas: é isso mesmo. Estamos falando de mais de 1 milhão de reais em 30 anos com uma simples mudança de hábito, que em nada prejudica sua qualidade de vida. Se a economia for feita por um casal, estamos falando de quase 3 milhões de reais.

Se você não come pão, não toma café e não fuma, verifique se existem despesas miúdas que possa cortar sem que isso faça a menor diferença para você. Pesquise. Reflita. Se você tiver o que cortar, pode ter certeza que dará um passo importante para viabilizar seu projeto de construção de riqueza.

#MOMENTOCIDADANIA: *Para quem vive no Brasil – ou em qualquer cidade do hemisfério ocidental –, o consumo desempenha um papel importante. Vivemos em uma sociedade que tem seus pilares alicerçados em uma economia de mercado, na democracia e no respeito ao estado de direito. Para o bem e para o mal, o consumo pessoal desempenha um papel central na economia brasileira, mesmo porque até bem pouco tempo foi extremamente incentivado pelo governo. Nas últimas décadas, aqui no Brasil, após a consolidação do Real como moeda forte, o aumento da renda média da parte menos favorecida da população e o acesso a bens e serviços carregados de significado cultural produziu um universo de novos consumidores que se orgulham de suas conquistas materiais – tão bem ilustradas pelos jovens das grandes cidades exibindo seus pares de tênis novos, smartphones, óculos e bonés de marca. Nos dias de hoje, há uma legião de pessoas que não pensam duas vezes para comprar motos, carros e casas com prestações a perder de vista. Ninguém mais vive sem internet, TV a cabo, home theather e todo mundo se orgulha de possuir a linha i completa: iPhone, iPad, iPod e até mesmo um iBook sempre em suas últimas versões. Infelizmente, o aumento do consumo não veio acompanhado de uma melhora na educação e, com isso, o Brasil está se tornando mais um país de consumidores do que de cidadãos. Mas, com todo esse consumo desenfreado, o Brasil se tornou um país de consumidores endividados. O modelo de incentivo ao consumo definitivamente se esgotou e aumenta exponencialmente a cada dia o número de pessoas que não mais conseguem pagar suas contas e manter o orçamento doméstico equilibrado. Resultado: a inadimplência corre solta e as dívidas das famílias se acumulam, especialmente daquelas que se apoiaram no crédito fácil para se inserir na onda consumista. O que as pessoas ainda não perceberam é que são justamente os bens materiais conquistados que agora as fazem reféns da obsolescência planejada da indústria. Todos os dias, mais e mais pessoas estão sujeitas à manipulação pela propaganda, que as incentiva a trocar, sem a menor necessidade, seu smartphone recentemente comprado por um modelo novo, ou a comprar um carro novo antes de terminar de pagar as prestações do usado - um veículo que, na maioria das vezes, ainda está em perfeitas condições de uso.*

A vida é feita de escolhas. Assim, quando você decide comprar um bem supérfluo - em vez de colocar esse dinheiro em um plano de previdência de longo prazo -, não há muito o que discutir, desde que você tenha o valor para pagar à vista. Afinal, o dinheiro é seu. O problema aparece quando você decide ir às compras sem ter dinheiro no banco, pagando com cheque pré-datado ou com cartão de crédito.

Depois de *entrar*, é muito difícil *sair* do cheque especial, ainda mais se, a essa obrigação, se somar uma dívida no cartão de crédito ou o pagamento do carnê de financiamento do seu carro ou, ainda, aquele financiamento da viagem a Miami, Nova York ou Cancun que não acaba nunca.

Muitas pessoas dizem que não conseguem economizar para a aposentadoria por conta de suas dívidas, que as impedem de poupar. Se você é uma dessas pessoas, mas deseja ter uma maior liberdade financeira a partir de agora, precisa se conscientizar sobre o que o levou a trilhar o caminho do excesso de consumo e preparar-se para mudar seus hábitos.

#MOMENTOINDIGNAÇÃO: *No Brasil, a diferença entre o que você recebe de juros de um banco em uma aplicação financeira e o que paga ao próprio banco quando precisa de um empréstimo é um absurdo. Juros altos aleijam o tomador. Pense bem antes de comprar um carro ou um bem financiado, nem que ele seja ofertado com taxa zero. Isso não existe, o juro já está embutido no valor da prestação. Tanto isso é verdade que se você pagar à vista certamente conseguirá obter um desconto. Nunca use o limite do cheque especial para fazer compras de impulso. E, volto a repetir, não pague a fatura do seu cartão de crédito pelo mínimo, financiando o resto. Use o seu crédito somente em caso de extrema necessidade ou emergência – ou para alavancar um negócio quando o grau de sucesso é de 100%. No Brasil, em especial, os juros são altos demais e representam uma verdadeira armadilha para quem incorre nessa prática. Sem escapar da armadilha dos juros, você não vai a lugar algum. Portanto, primeiro poupe e depois consuma, nunca o contrário.*

Se você já tem dívidas, torço para que tenha muita disciplina e perseverança para se livrar das altas taxas de juros que estão amarrando e atrasando a sua vida. Mas não tem jeito: a conquista de sua liberdade financeira só acontecerá se você seguir à risca um plano de quitação gradativa de suas dívidas combinado com um projeto de investimentos.

Você vai precisar de bom senso para calibrar suas despesas. Muita coisa pode conspirar para que você não consiga se livrar de certos gastos. Ocorre que entre 30 e 40 anos as pessoas têm, entre suas prioridades, a compra da casa ou o apartamento dos sonhos, de preferência com a garagem decorada com seus brinquedinhos de luxo, seus carros. Com esse pano de fundo, é fácil você se complicar financeiramente.

Portanto, seja prudente e mantenha o foco nos seus objetivos de longo prazo. Evite gastar mais *só-porque-está-ganhando-mais*. Saiba que a crise do mercado imobiliário que aconteceu em 2008 nos Estados Unidos expôs uma dura realidade. A crise revelou que em muitas cidades consideradas reduto de milionários, como Palm Beach, na Flórida, havia gente que mantinha Porsches, Mercedes e BMW na garagem e relógio Rolex de ouro nos pulsos, mesmo estando "pendurada" em uma ou mais hipotecas de suas casas, muitas financiadas em 40 anos de prazo. Com a crise do subprime de 2008, de um dia para o outro muitos ficaram sem emprego e terminaram sem nada. Carros que eram produto de leasing foram devolvidos aos bancos e as mansões de proprietários inadimplentes foram leiloadas. Quanto aos Rolex de ouro, muitos devem ter acabado em uma loja de penhores de Miami ou Las Vegas. Todo esse palavrório deve servir para pelo menos uma coisa: sua riqueza futura será diretamente proporcional ao que conseguir economizar e investir. E, se você gastar tudo que ganha, não vai conseguir formar uma reserva financeira nunca.

Quanto você acha que conseguiria poupar todos os meses para atingir seu objetivo de ficar rico? Se você me disser que não consegue poupar nada ou se pronunciar aquela famosa frase clichê "que falta mês no seu salário", temos dicas para você mais à frente, para "fazer sobrar dinheiro no final do seu mês".

Você sabe que há apenas dois modos de sobrar dinheiro no final de cada mês. Ou você aumenta suas receitas ou diminui suas despesas. Já falamos sobre algumas formas de aumentar sua renda, como tentar conseguir um aumento de salário, arranjar um segundo emprego, iniciar um novo negócio e assim por diante. O problema é que nada disso é fácil: nem sempre é viável você ter uma segunda fonte de renda sem prejudicar o seu trabalho principal e não vai ser fácil convencer seu chefe a aumentar seu salário. Ou seja, são coisas sobre as quais você tem pouco ou nenhum controle.

Mas, sobre os seus gastos você pode ter controle – e há decisões a tomar que só dependem de você. A racionalização de despesas aumenta a sua renda mensal líquida, aquele dinheiro que sobra para você no final de mês, depois que você paga todas as suas contas. Então, atue nos seus gastos. Corte-os, dê adeus aos supérfluos e ao desperdício. Não adianta eu fazer aqui uma lista de despesas para você cortar. Cada caso é um caso e você, melhor do que ninguém, sabe onde poderá economizar. Você precisa de um pacote completo no seu plano de TV a cabo? Dá para mudar o plano do seu celular? Que tal usar transporte coletivo uma vez por semana? Que tal a carona solidária? Analise seus gastos com cuidado, um a um. Por menor que seja o valor de uma despesa, jamais deixe de pensar que ela está livre de corte só porque tem pouca relevância ou baixo peso no orçamento. Experimente trabalhar em regime anual e afie a tesoura. Nenhuma despesa mensal permanece insignificante quando é considerada em termos anuais! Portanto, trabalhe com o conceito de "pacote", ou seja, nunca considere uma despesa de modo isolado. Quando ela é agregada às demais despesas, as coisas ficam diferentes, pois formamos um "pacote" de cortes. É coisa para nenhum Ministro da Fazenda botar defeito.

Faça uma planilha e relacione seus gastos essenciais. Depois que identificou tudo o que pode cortar, faça o exercício de novo e veja como ainda tinha "gordura".

Impressionado com o valor do pacote de cortes? Então, faça agora uma projeção para 20 anos, aplicando o valor a juros compostos. Estamos falando de coisa grande, certo? É o que fazia Warren Buffet antes de se decidir a fazer um gasto: ele pensava em termos de 30 anos, inclusive quando alguém sugeria que ele trocasse de carro. Ficou curioso? Explico melhor no capítulo a ele dedicado.

Além de manter as despesas absolutamente sob controle, você precisa sair à cata de desperdícios e cobranças indevidas. Surpreenda-se com a quantidade de empresas que metem as mãos no seu bolso sem você se dar conta. Então, se você conseguir gastar menos com alguns serviços, é mais dinheiro que sobra para você poupar. Fique de olho: você mora em um país no qual as agências reguladoras são incapazes de defender os usuários de concessões e serviços públicos.

#MomentoPaciênciaAcabando: *Vamos falar português claro: está cada vez mais difícil viver no Brasil. Ninguém aguenta mais o desgoverno e a falta de seriedade das empresas que oferecem os serviços de correios, telefonia, TV a cabo, internet, saneamento e energia elétrica aqui no Brasil. Está na imprensa o tempo todo: as empresas de telefonia e de TV a cabo ocupam um lugar de destaque entre os campeões de reclamações. Muitas operadoras de cartão de crédito também se destacam pela falta de transparência e pela cara de pau de cobrar por serviços que não prestaram. É o famoso "se colar, colou" e às vezes "reclamou, estornou". O que fazer então para evitar ataques ao seu bolso? Como identificar as situações que podem gerar dinheiro novo para você? Muita gente não faz nada... ou por desconhecimento ou por não aguentar ficar pendurada em uma linha esperando para ser atendido. Ou por saber que muitas empresas simplesmente adotam a política de começar a atender você e depois "derrubar" a sua ligação. A ideia é que você desista pelo cansaço. Meu conselho é que você não desista e que sempre questione as empresas com relação a taxas, tarifas, anuidades e promoções. Muitas providências envolvem apenas uma ligação telefônica. Fique de olho e pegue no pé dos espertinhos.*

17 NÃO PAGUE JUROS!

O grande vilão de algumas famílias é nosso velho conhecido: os juros altos.

Se você pertence ao universo de pessoas que não paga juros no cheque especial, no cartão de crédito, no crédito ao consumidor ou não contratou qualquer outra forma de financiamento, parabéns!

Mesmo assim, leia esta seção com atenção, embora já sabendo que ela interessa muito mais às pessoas que estão presas na mais extraordinária teia de aranha dos juros de que se tem notícia.

Os juros no Brasil são mais do que uma vergonha. São obscenos. Não é de hoje que nosso país ocupa um lugar de "honra" no ranking das nações que praticam as maiores taxas de juros do planeta. Eu poderia escrever páginas e páginas para explicar por que as taxas de juros no Brasil são tão altas. Não vou fazer isso por razões óbvias. Então, em vez de disso, vou divulgar fatos.

Analise o quadro a seguir e veja você mesmo.

Em novembro de 2015, estas eram as taxas que um investidor de porte médio recebia ao investir seu dinheiro aqui no Brasil, com pouca diferença para mais ou para menos, dependendo do banco:

- Poupança: 7% ao ano
- Fundos DI: 13% ao ano

- CDB: 14% ao ano
- Tesouro direto Prefixado: 16% ao ano

Agora, segure-se para não cair de costas.

Segundo pesquisa feita pela Associação Nacional dos Executivos de Finanças, Administração e Contabilidade (Anefac), a taxa rotativa do cartão continua sendo a modalidade de crédito mais cara. O cheque especial vem em seguida. Então, confira os juros exorbitantes pagos quando se parcela a fatura do cartão de crédito e quando o cheque especial fica no vermelho. Os dados são de novembro de 2015:

- Juros do cartão de crédito: mais de 400% ao ano
- Cheque especial: mais de 250% ao ano
- Empréstimo pessoal: mais de 120% ao ano

Para você ter uma ideia do absurdo que essa discrepância provoca na vida de um devedor, analise este exemplo, construído com dados reais:

Suponha que um correntista tivesse depositado R$ 100,00 (cem reais) na caderneta de poupança em qualquer banco brasileiro no dia 1º de julho de 1994 (data de lançamento do Plano Real).

Dados do próprio Banco Central comprovam: a poupança proporcionou ao investidor, de 1º de julho de 1994 a 1º de maio de 2015, um rendimento líquido de imposto de 867,65% no período de 261 meses.

Então, em valores absolutos, os R$ 100,00 se transformaram em magros R$ 967,66.

Agora, pasmem: se esse mesmo correntista tivesse sacado R$ 100,00 no cheque especial naquela mesma data, 1º de julho de 1994, teria em 1º de maio de 2015 uma dívida de R$ 134.959,33 no mesmo banco (considerando um juro médio de cheque especial de 2,8% ao mês no período considerado. Só para lembrar, o juro do cheque especial dos dois maiores bancos brasileiros em novembro de 2015 era superior a 11% ao mês).

Ou seja: ao usar R$ 100,00 do cheque especial em julho/1994 o nosso correntista estaria devendo, em maio/2015, o equivalente a 5 (cinco) Fiat Palio Fire 2 portas (ao preço de R$ 27.000,00 cada um). Com o valor da poupança, conseguiria comprar apenas 2 pneus para esse mesmo automóvel.

Em defesa das companhias de cartão de crédito e das instituições financeiras, devo dizer que elas não obrigam você a tomar dinheiro emprestado ou usar as linhas de crédito que colocam à sua disposição.

Há bancos que, inclusive, incentivam programas de uso consciente do crédito. Utilizar o crédito – e abusar das linhas colocadas à sua disposição – é uma decisão sua.

Já abusou? Então fale urgente com o seu banco: se puder, contrate um empréstimo consignado (uma das modalidades de crédito mais baratas para pessoas físicas) ou peça um empréstimo pessoal negociando uma taxa baixa. Assim que o dinheiro entrar na sua conta-corrente bancária, pague primeiro a dívida do cartão e depois cubra o cheque especial.

18 PASSE A TESOURA NAS SUAS DESPESAS

Nenhuma despesa mensal permanece insignificante quando é considerada em termos anuais. Analise as situações a seguir e veja se elas se aplicam a você.

TARIFAS BANCÁRIAS

Negociar tarifas bancárias: eta tarefa difícil, missão quase impossível nos dias de hoje. Os bancos não são instituições filantrópicas e não vão dar a você nenhuma colher de chá – a não ser que você tenha um volume grande de investimentos ou "consuma" produtos que sejam considerados válidos para ter uma pontuação que garanta descontos ou isenção de tarifas. O melhor que você pode fazer é não manter contas em muitos bancos. Afinal, é melhor ser grande em um só banco do que pequeno em muitos. Mas você pode conseguir redução de tarifas se o seu banco usar o critério de relacionamento. Se você tiver pai, mãe, filho ou irmão com muita grana no mesmo banco, vale a pena tentar a mesma isenção de tarifa da qual seu parente mais rico certamente se beneficia.

Anuidade do cartão de crédito

Se você usa cartão de crédito, acredite em mim: as operadoras de cartão adoram você. Primeiro porque você paga a elas uma estrovenga chamada anuidade. Segundo, porque, a cada vez que usa seu cartão, você automaticamente obriga o lojista a pagar um percentual a eles. Ou seja, em vez de você receber uma remuneração por estar gerando receita para a operadora do cartão, você ainda paga uma anuidade a elas. E, se você não pagar a fatura mensal pelo valor total, aí é que o pessoal do cartão vai gostar. É simples: ao pagar a fatura pelo valor mínimo e pendurar o saldo, como você já viu, vai pagar a maior taxa de juros do planeta, superior a 400% ao ano. Ou seja: você virou mais um escravo do cartão e terá muita dificuldade para escapar da dependência do setor financeiro. Ainda sobre a anuidade do cartão de crédito: todos os anos a história se repete e, quando você menos percebe, a administradora já lançou a cobrança da anuidade do cartão titular e dos adicionais na sua fatura. Ninguém pergunta se você quer continuar com o cartão, a operadora simplesmente manda a conta para você. A boa notícia: hoje todas elas negociam uma redução no valor – e você nem mesmo precisa ameaçar que vai cancelar o cartão. Basta um telefonema para o cartão. Quer se prevenir? Eis uma coisa que você deve fazer: guarde os extratos mensais do cartão e verifique o mês do ano em que é cobrada a anuidade. Geralmente, os cartões cobram anuidade (e a anuidade de seus cartões adicionais) em 3 (três) parcelas. Não espere que eles debitem na fatura. Ligue para o cartão e peça isenção (ou estorno, caso já tiver sido cobrada). Fique atento! Essa é uma negociação que vale a pena. Se você tem investimentos superiores a R$ 100 mil em seu banco, com certeza vai conseguir isenção total. Se não tiver, negocie da mesma forma, pois é certo que vai conseguir uma redução significativa, que pode chegar a 80% de desconto. Faça as contas: a anuidade de um cartão Black, de qualquer bandeira, é superior a R$ 300,00. Se tiver 2 (dois) cartões e conseguir isenção, estamos falando de uma bela economia. Imagine esse valor aplicado e recebendo juros compostos ao longo de 30 anos. Se você "moscou" e não viu que já está na segunda ou terceira parcela de anuidade lançada, ligue mesmo assim: as administradoras costumam estornar o valor na próxima fatura. Vá por mim, funciona. A má notícia: um ano passa rápido. Logo você vai ter que percorrer sua "via crucis" de novo. Quanto às milhas que acumular no seu cartão, além de poder usá-las para comprar passagens, você pode vendê-las ou utilizá-las para fazer um upgrade no seu voo e viajar na classe executiva. E mais: se você tiver um cartão Mastercard Black, por exemplo, tem direito a usar a sala VIP de alguns aeroportos.

Telefone celular

No Brasil, a concorrência entre as empresas de telefonia celular deixa muito a desejar. Temos um serviço caro e ineficiente. Mas, vez por outra, é possível aproveitar algum tipo de promoção. A impressão que se tem é que as empresas gostam mais dos clientes novos do que dos antigos. Quer uma prova? Quantas vezes você já viu ofertas de pacotes para clientes novos que são mais baratas do que as que você paga? Então, de tempos em tempos, ligue para sua operadora e peça desconto. Sempre haverá um pacote "novo" que é melhor do que o seu plano atual. Dependendo do uso que você faça do seu celular, a economia aqui pode ser significativa. Uma boa ideia é convencer os membros de toda a família a contratarem a mesma operadora. Assim, as chamadas entre todos serão feitas a custo zero. Parece fácil e óbvio, não é? Engana-se, não é tarefa simples conseguir essa unanimidade em todas as famílias. Quer pagar ainda menos? Considere o celular pré-pago x pós-pago. Ainda quer mais? Já fez de tudo para tentar reduzir o valor da sua conta e não conseguiu? Talvez você precise de ajuda. Sabe aquela empregada doméstica do vizinho que fala sem parar ao celular durante horas? Pergunte qual é o plano que ela tem. Aproveite e tente descobrir por que diabos a ligação dela com a amiga não cai enquanto elas ficam falando durante horas. Aliás, por que será que as operadoras só derrubam a ligação quando você e seus amigos tentam falar à vontade? Brincadeiras à parte, fique em atenção permanente com relação ao seu celular. Confira a conta, calcule quantos minutos usou no mês, compare o que você tem direito por força de seu contrato e o valor real que foi lançado na conta. Fique de olho nas chamadas em roaming, principalmente internacional, uma mina de ouro para as operadoras. São inúmeros os casos de cobrança indevida registrados pelo Procon.

Além de ficar de olho nas contas, use o celular de modo mais racional.

Mais fixo e menos celular. Hoje, Facebook e WhatsApp têm ótimos padrões de ligações de voz. Experimente. Dá para fazer uma economia substancial.

ECONOMIA DE GASTOS COM O CARRO, SUA SEGUNDA FAMÍLIA

Eu adoro carros, mas devo reconhecer que o automóvel é um dos grandes vilões do orçamento. Warren Buffett sempre soube disso. Mesmo já sendo um bilionário, tinha um Cadillac com 8 anos de uso. Mas, reconheço, não é todo mundo que gosta de carros. Para muitos, carro é condução.

Gostando ou não, se você não quiser ver seu dinheiro escorrendo pelo ralo, as dicas a seguir podem ser úteis. A maioria se refere a cuidados com a manutenção preventiva do seu carro.

Não se deve fazer a chamada "economia burra", adiando serviços essenciais ou utilizando filtros e óleos além da quilometragem prevista pelo fabricante.

No frigir dos ovos, vai ficar mais caro. Cansei de ver motores de carros nacionais dando problema com baixa quilometragem, tudo porque o proprietário não trocou óleo e filtros na hora certa.

Confira estas dicas para você gastar menos com seu carro:

- Jamais use óleo de motor ou filtros xing-ling no seu carro. Troque o óleo e substitua os filtros de óleo e ar a cada 5.000 ou 10.000 km (de acordo com o tipo de óleo). Você vai se arrepender se usar produtos de procedência duvidosa. Se fizer isso, seu motor vai juntar borra, perder potência e gastar mais combustível. Pode até mesmo fundir com baixa quilometragem e deixar você na mão quando menos esperar. Se transitar em estradas de terra, troque o filtro de ar com menos quilometragem. Por que respeitar o prazo de troca? Um filtro velho ou entupido altera a mistura de combustível. Com isso, o carro anda menos e gasta mais, vira um beberrão. É grana indo embora.
- Filtro de combustível velho ou entupido compromete o desempenho do motor de seu carro e pode deixar você na rua. Aqui é a mesma coisa, jamais economize com esse item. Troque de acordo com a orientação do fabricante e use filtros originais.
- Um carro que trafega com pneus com a calibragem correta gasta

menos combustível. Verifique a pressão dos pneus do seu carro regularmente: com pneus vazios, ele tem mais atrito com o solo. E é claro que o pneu vai durar mais se você mantiver sempre a calibragem correta. Ao viajar, aumente a pressão em 2 ou 3 libras, de acordo com o previsto pela fábrica. Aqui a economia também é grande.

- Alinhamento de direção e balanceamento de pneus: quando o carro está desalinhado, gasta mais pneu, perde estabilidade, fica mais "amarrado" e gasta mais combustível. Pneus balanceados são fundamentais para você ter uma dirigibilidade suave.
- Fique de olho na tampa do tanque. Se ela estiver com defeito, o combustível pode vazar ou evaporar com facilidade. Ao sentir cheiro de combustível, troque-a. Caso contrário, o seu dinheiro evapora junto.
- Dirija de modo suave: arrancadas e freadas bruscas aumentam o consumo e acabam com os discos e pastilhas de freios. Além do mais, é um desrespeito ao passageiro que está ao seu lado.
- Não dirija com o pé apoiado no pedal de freio: isso também desgasta as pastilhas e aumenta o consumo de combustível.

Pense nisso, você vai economizar uma grana. E, como eu sei que você tem mais de um carro, estamos falando em uma economia em dobro. Se tiver filhos adolescentes então, minha Nossa Senhora. É mais dinheiro que vai sobrar para você investir no final de cada mês.

Seguros

Ao renovar o seguro residencial e de automóvel, não aceite a primeira cotação. Peça mais de uma proposta ao seu corretor. É simples: a seguradora com o melhor preço hoje pode apresentar uma cotação pior na renovação amanhã. Ou vice-versa. Procure pagar à vista com desconto ou parcelar o pagamento fazendo a opção de maior número de parcelas sem juros. Não pague juros.

IPVA e licenciamento de veículos

Pague o IPVA à vista com desconto e faça o licenciamento pela internet, por meio do seu banco. Você economiza e recebe o documento em casa.

IPTU

Aproveite o desconto e pague à vista. A economia é grande e você não corre o risco de multa, caso se esqueça de pagar.

Racionalização do uso da energia elétrica e de água na sua casa

Nunca foi tão urgente tomar providências para gastar menos água e energia. Se você tem eletrométicos mais antigos, certamente terá espaço para reduzir sua conta de energia. Como os eletrométicos atuais gastam menos energia, vale a pena avaliar o custo-benefício de uma troca. Verifique também as lâmpadas e dê preferência para as de LED. Se possível, aposente o chuveiro elétrico e instale um aquecedor solar ou a gás. Ar condicionado: use com moderação e ao instalar aparelhos novos prefira os modelos *inverter*, que gastam menos. Água: o custo vai continuar subindo em progressão geométrica. Faça o possível para economizar.

Mexa-se

Seguindo essas dicas, aquele orçamento apertado pode estar com os dias contados. Vai sobrar dinheiro, o suficiente para você dar início ao seu projeto de riqueza. Então, é hora de sair da teoria e ir para a prática. Faça seu fluxo de caixa e decida o valor a poupar. Programe uma transferência automática desse valor da sua conta-corrente para uma conta de investimento na mesma data em que seu salário é creditado no banco – ou na mesma data que recebe aluguel. O débito automático é uma das poucas coisas que os bancos fazem de graça. Outra coisa boa: você pode ir aumentando o valor do seu investimento mensal à medida que seus rendimentos forem crescendo. É o famoso bordão "pague-se primeiro" em sua pura essência, fazendo que o seu plano de conquista da riqueza flua naturalmente. Escolha um fundo DI com baixa taxa de administração e transfira tudo que pingar na sua conta para esse fundo. No final do ano, transfira esse dinheiro para as classes de ativos de sua carteira. Comece já, não espere terminar o livro.

PARTE 3

APRENDENDO COM OS RICOS

19 DESVENDANDO OS SEGREDOS DA MENTE MILIONÁRIA

Chegamos a uma das mais importantes partes do livro. E talvez a mais controversa. Mas, para abraçar com sucesso um projeto como este, é fundamental que você dedique tempo e energia para assimilar os conceitos a que terá acesso a seguir.

Há modos fáceis de ficar milionário do dia para a noite, mas nenhum está no radar deste livro. Se você não tem talento ou idade para ser um piloto de Fórmula 1 como o Lewis Hamilton - que em 2015 ganhou mais de 25 milhões de dólares na temporada - ou um jogador de golfe como o Tiger Woods, ou ainda um jogador de futebol do calibre do argentino Lionel Messi ou do brasileiro Neymar, sobram apenas duas alternativas para você ficar milionário de hoje para amanhã: casar com alguém muito rico ou ganhar na loteria.

A primeira alternativa deu certo para algumas pessoas. Mas é muito difícil a sorte sorrir para todos. Então, que tal a loteria? Mais difícil ainda. Veja o caso da Mega-Sena. Os matemáticos calculam que sua chance de acertar as seis dezenas da Mega-Sena é de uma em mais de 50 milhões. Dito de outra forma, com 50 milhões de combinações, é a mesma chance de você conseguir, tirando cara ou coroa, virar uma moeda 26 vezes e acertar o mesmo lado.

As demais formas de ficar milionário em pouquíssimo tempo são, em sua maioria, ilícitas. Corrupção, tráfico de drogas, prostituição ou jogos de azar de fato dão muito dinheiro, mas são uma péssima ideia.

Então, quando dizemos que é possível ficar rico com o suor do seu trabalho, estamos falando em explorar as oportunidades explícitas e implícitas do mundo moderno. As explícitas todo mundo conhece, as implícitas cabe a você descobrir. Quanto antes você começar a trabalhar no seu projeto de vida, menos difícil vai ser. Isso mesmo, repare a construção da frase: não é que vai ser fácil, vai ser menos difícil. E o mais importante: você precisa provar para você mesmo que realmente deseja ficar rico.

#MOMENTODEVANEIO: *Tenho um amigo que nos tempos de escola me ajudou muito. Formávamos uma ótima dupla: eu ensinava a ele o que sabia sobre ginástica olímpica e ele me ajudava a entender as equações matemáticas mais complicadas. E, quando eu não entendia, ele me passava cola. Simples assim. Meu amigo tinha um QI altíssimo, bem acima da média, e entrou sem fazer cursinho nas duas melhores escolas de engenharia de São Paulo, a Escola Politécnica e o ITA. Depois de formado, fez pós-graduação e resolveu montar uma construtora. Batalhou bastante, fez muitas obras, mas não ficou rico. Além de não ter conseguido guardar dinheiro, depois de acumular dívidas por conta de atrasos de pagamentos do governo, sua construtora acabou pedindo concordata. O fato é que sua inteligência extraordinária não fez a menor diferença no mundo real dos negócios. Na época, eu achei que faltou a ele empenho e ousadia para tocar a empresa e, principalmente, jogo de cintura para transitar no universo das concorrências de obras públicas. Mas hoje, analisando a situação sob uma outra perspectiva, acho que o grande problema dele foi a dificuldade de pensar e agir como rico. Ele sempre levou uma vida espartana, era péssimo para lidar com dinheiro – assim como todos em sua família –, nunca se interessou em poupar e dizia para quem quisesse ouvir que não queria ficar rico, que preferia gastar pouco para não precisar ganhar muito. Bem, não deu outra: acabou mesmo ficando sem dinheiro, acomodado ao pouco que lhe restou após a falência de sua empresa.*

Há uma lição que podemos extrair dessa história: *para ficar rico, é preciso querer ficar rico*.

Persistência é o que diferencia as pessoas bem-sucedidas daquelas que ficam paralisadas diante das dificuldades que enfrentam. O rico, além de persistente, é ambicioso, não se contenta com pouco e, para atingir seus objetivos, não adia, não posterga, não procrastina.

Então, se você realmente busca formas de conquistar sua liberdade financeira, precisa saber como os ricos pensam, adotar seu modelo de comportamento, incorporar seus valores e sua determinação.

O rico olha à frente e acredita em si mesmo. Senor Abravanel, o Silvio Santos, sempre soube aonde queria chegar. É um excelente exemplo de pessoa determinada. Começou a trabalhar como um simples camelô aos 14 anos. Vendeu capas para títulos de eleitor no centro do Rio de Janeiro, foi locutor, radialista e chegou até onde sabemos. Manteve-se atento às oportunidades que foram aparecendo e nunca perdeu o foco de seu grande objetivo: tornar-se empresário e dono do seu próprio canal de televisão. Para isso, enfrentou, como sabemos, inúmeros desafios. Com 85 anos de idade, completados em dezembro de 2015, continua a trabalhar no SBT - sem receber salário - com a mesma alegria e energia de sempre. É a prova viva de que rico trabalha porque gosta.

De uma pequena loja inaugurada no final de 1957 em Franca, no interior de São Paulo, surgiu uma das empresas líderes do varejo no Brasil, com mais de 730 lojas em 16 estados brasileiros. A autora da façanha é Luiza Trajano, dona do Magazine Luiza, que demonstrou ter persistência e determinação. Uma pessoa que não mediu esforços para realizar seu sonho de se tornar uma grande empresária, saindo do zero.

O rico tem foco. Às vezes só precisa de uma boa ideia, acreditar no que vai fazer e agir para que as coisas aconteçam como o planejado. Que tal abrir uma escola de idiomas sem saber falar inglês? Foi o que fez Flávio Augusto da Silva, 42, fundador da Wise Up. Segundo a revista Exame, o negócio iniciado em 1995 com R$ 20 mil sacados do cheque especial foi vendido em 2013 por R$ 877 milhões para a Abril Educação. Com isso, o empresário foi para a lista de bilionários brasileiros da revista Forbes em 2014, com patrimônio avaliado em mais de R$ 1 bilhão.

O rico também erra. E muito. Mas o rico evita olhar com nostalgia os erros ou decisões equivocadas que tomou no passado, pois sabe que sobre elas não tem mais controle. Donald Trump, bilionário americano, criador do reality show "O Aprendiz", sucesso na TV em 2004, quebrou e voltou a ficar bilionário menos de uma década depois.

#HISTORINHADEBILIONÁRIO: *Donald Trump é um megaempresário do setor imobiliário nos Estados Unidos. É um dos bilionários americanos mais conhecidos, mas não pelo tamanho do seu patrimônio: Bill Gates é quase 20 vezes mais rico do que ele. Trump é um autêntico magnata dos negócios. Se você já foi a Nova York certamente conhece o Trump Plaza, um verdadeiro landmark no coração de Manhattan. É a cara dele, com o luxo saltando aos olhos. Donald Trump merece destaque não apenas pela sua riqueza, mas também pela sua trajetória empresarial e capacidade de se reerguer depois de ir à bancarrota (a crise dos anos 90 foi devastadora para o seu império, formado por hotéis, cassinos e prédios comerciais). Ele é uma figura, um showman, uma pessoa que tem uma mente milionária. Correu riscos altíssimos para chegar à posição de destaque que ocupa hoje no mundo dos negócios. Ficou bilionário, foi à falência, ficou com o patrimônio líquido negativo e começou tudo de novo. Alguns anos após o susto, tornou-se bilionário novamente. Ambição, ousadia, foco, tino para os negócios, não desistir nunca...dá para encher uma página com adjetivos e frases que se aplicam a Donald Trump. Personalidade controversa, ele quer ser o candidato do Partido Republicano para a sucessão de Barack Obama em 2016.*

Os ricos são bem informados, têm ousadia e tomam decisões de modo mais racional do que emocional. Sabem avaliar as informações e seus impactos nas suas finanças e nos seus negócios. Warren Buffett, o megainvestidor americano, fez a sua primeira venda de ações a descoberto antes de completar 18 anos. Nessa idade, já tomava dinheiro emprestado para investir em ações.

O rico tem visão de futuro e não desiste de seus sonhos. Richard Branson é um empresário britânico, fundador do Grupo Virgin. Seus investimentos vão da música à aviação, vestuário, biocombustíveis e até viagens aeroespaciais. Em 1970, Branson começou um negócio de venda de discos pelo correio, que se tornou o embrião da rede de lojas de discos Virgin Records, que viraria Virgin Megastores. Detalhe: Branson é disléxico e desistiu da escola aos 16 anos. Seus pais educaram-no para ser independente e ter autoconfiança. Ficou bilionário. De quebra, em 1999, tornou-se sir, ao ser tornado cavaleiro pela Rainha Elizabeth II, do Reino Unido.

Alguma coisa errada no comportamento dos ricos? O que parece certo é que, se você não começar a pensar e a raciocinar como os ricos, jamais será um deles. É o que você precisa começar a fazer desde já. Aliás, é exatamente isso o que afirma, com todas as letras, o escritor T. Harv Eker, autor do best-seller *Os Segredos da Mente Milionária*, já apresentado a você.

Eker defende a teoria de que é perfeitamente possível "programar" o nosso inconsciente para o sucesso. De acordo com ele, quem pensa e raciocina como rico tem mais chances de fazer fortuna do que uma pessoa que não consegue agir assim.

Eker é um consultor e escritor de sucesso, mas ele mesmo diz que, até ficar rico, "deu muito murro em ponta de faca". Ele conta que só depois de aplicar na própria vida os princípios que hoje ensina é que conseguiu superar uma fase de altos e baixos em sua trajetória profissional e se tornar milionário. Filho de imigrantes europeus que vieram para a América do Norte completamente duros, Eker cresceu em Toronto (Canadá), mas trabalhou a maior parte de sua vida adulta nos Estados Unidos. Começou a trabalhar cedo, aos 13 anos, pois o dinheiro da família era escasso. E, como muitos adolescentes americanos, entregou jornais, vendeu sorvete na praia, trabalhou fazendo bicos em feiras e exposições e na fase adulta começou mais de uma dezena de diferentes empresas. Mas algo não ia bem para ele, nada dava certo. Abria um negócio e rapidamente era obrigado a fechar as portas. Até que um dia ele resolveu que as coisas iriam ser diferentes e começou a colocar em prática um conselho recebido de um rico amigo de seu pai: copiar o modo de pensar dos ricos. Foi assim que mergulhou em uma desenfreada pesquisa sobre as pessoas ricas e seu modo de pensar. Aprofundou seus conhecimentos sobre o funcionamento da mente humana, estudou a psicologia do dinheiro e do sucesso e ficou convencido de que os ricos pensam de um modo diferente das outras pessoas.

Chegou à conclusão que, no seu caso particular, seus pensamentos negativos o empurravam para longe da riqueza. Resolveu então dar uma virada na vida: decidiu aprender técnicas de condicionamento mental para *passar* a pensar de modo positivo e começou a aplicar no seu próprio business as estratégias de negócio e o modo de pensar das pessoas ricas.

Funcionou. Ele expandiu o seu negócio principal, permaneceu focado nos seus objetivos de longo prazo e, mesmo em face de dificuldades, não permitiu que pensamentos negativos ou contraproducentes na área financeira atrapalhassem seus planos. Encarar a riqueza sob um novo olhar foi fundamental para seu o *turning point*. Hoje Eker preside uma bem-sucedida empresa de desenvolvimento pessoal que promove cursos e seminários sobre os princípios da mente milionária nos EUA e no Canadá. Suas palestras atraem milhares de participantes de todo mundo. Seu primeiro livro, *O Segredo da Mente Milionária*, frequentou a lista dos mais vendidos do New York Times e do Wall Street Journal por muito tempo.

O que você acha disso tudo? Você, como Eker, acredita na força do pensamento positivo? Acredita que é possível construir uma reserva financeira baseada em trabalho, disciplina e determinação? Então, prepare-se para enfrentar muitos desafios, sabendo que o seu grau de sucesso vai depender unicamente de você.

Enriquecer a partir do próprio esforço é muito saudável e é bem diferente de ficar rico ganhando dinheiro fácil. Quem teve ou tem que trabalhar duro para ganhar dinheiro valoriza cada centavo que entra na conta. Ao aprender dar valor ao dinheiro evita um dos maiores riscos que afetam as pessoas cuja fortuna "caiu do céu". Refiro-me às pessoas que ganham uma bolada na loteria e que vivem como ricos durante algum tempo e voltam a ficar pobres não muito tempo depois. Isso é muito mais comum do que se imagina, pois, quando a pessoa não está preparada para "receber" e administrar dinheiro, seus investimentos costumam ser mal-sucedidos. Por mais esperta, educada ou bem formada que seja uma pessoa, se ela não tiver "inteligência financeira" não vai muito longe. Se a pessoa fica rica antes de entender como funciona o dinheiro, tende a se revelar incapaz de lidar com a riqueza e de enfrentar os desafios e o sucesso que vêm junto com ela. Das pessoas com esse perfil que ficaram ricas e perderam tudo em menos de uma década, quantas você acha que conseguiram se tornar ricas novamente? Eu, francamente, não conheço nenhuma.

Em contrapartida, o megaempresário americano Donald Trump é um exemplo emblemático de gente com inteligência financeira apurada, que ficou bilionário muito jovem, perdeu tudo e alguns anos depois recuperou o que tinha e acrescentou mais.

Como podemos explicar esse fenômeno?

Eker acha que pessoas como Trump não perdem a mente milionária, mesmo quando sofrem severas perdas financeiras. E que o "modelo financeiro" de cada um de nós envolve uma combinação dos pensamentos, sentimentos e ações que adotamos nas questões ligadas a dinheiro.

As principais fontes de condicionamento desse modelo financeiro seriam a família, os amigos, os professores, os líderes religiosos, a mídia e a cultura do país onde cada um de nós vive.

Desde criança, todos nós recebemos ensinamentos de como agir e pensar com relação ao dinheiro. E são justamente esses ensinamentos incorporados à nossa psique que condicionam nossas atitudes em relação ao dinheiro. Em suma, tudo o que você se acostumou a ouvir sobre dinheiro desde criança está gravado no seu inconsciente e comanda o seu modelo de gestão financeira.

Isso pode ser uma boa ou má notícia. Quando alguém nasce em uma sociedade pobre, no seio de uma família sem posses (ou é criado em um ambiente político totalitário, ou ainda em uma região adepta de práticas religiosas que consideram impuro o dinheiro e as pessoas que o possuem), é bem provável que a imagem que essa pessoa faz dos ricos seja distorcida.

Ricos seriam pessoas gananciosas, materialistas, que só pensam em si mesmas e que exploram o trabalho dos pobres. Nessa concepção, rico é malvado, desalmado, pois não divide com os menos favorecidos o tanto que possui. Assim, para essas pessoas, dinheiro é algo sujo. E quem o possui é mau. Então, se a pessoa, no seu íntimo, foi condicionada pela família ou pela religião a não querer ser má, ela automaticamente evita se associar ao dinheiro – que seria impuro – e o mais provável é que sempre acabe se livrando rapidamente de toda a grana que ganhar. Pessoas assim são incapazes de cultivar o hábito de poupar para formar uma reserva financeira ou até mesmo de tocar um negócio que exija a contratação de pessoas.

Raciocínio lógico e cartesiano: dinheiro está ligado à ganância e eu não posso ser ganancioso. Logo, não posso acumular dinheiro. Ter alguém trabalhando para mim não é certo, pois estou explorando e lucrando com o trabalho do outro. Logo, não terei empregados e não serei nunca um empresário. Faz sentido concluir que, com esses pensamentos, essas pessoas afastam o dinheiro de si mesmas?

Em contrapartida, quem não sofreu esse condicionamento com relação ao dinheiro tende a pensar diferente. Para essas pessoas, o dinheiro é fonte de liberdade, de conquistas, de realização. Quando contratam gente para trabalhar, jamais caem na cantilena demagógica da exploração do homem pelo homem. Ao contrário, consideram suas empresas como fonte impulsionadora do progresso e garantia de sustento e bem-estar dos empregados e de suas famílias.

Então, para essas pessoas, dinheiro é uma coisa boa. Ou seja, quem tem mentalidade de rico atrai dinheiro. E rico sabe distribuir dinheiro, seja oferecendo emprego, seja praticando filantropia.

Quem é o homem mais rico do mundo? Bill Gates, fundador da gigante Microsoft. Quem é o terceiro homem mais rico do mundo? Warren Buffett. Quem são os maiores filantropos do planeta? Bill Gates e Warren Buffett. E não é coincidência. Gates e sua esposa Melinda já doaram em vida para fundações de pesquisa e ajuda humanitária mais de 30 bilhões de dólares. Warren Buffett, amigo e admirador do trabalho de Bill Gates, doou mais de 30 bilhões de dólares para a fundação Bill e Melinda Gates administrar. Ambos, Gates e Buffett, estão doando, ainda em vida, muito mais dinheiro para causas humanitárias do que vão deixar para os próprios filhos!

Os exemplos de gente que sabe utilizar o dinheiro de uma forma nobre não param por aí. Mais à frente, vamos conhecer alguns deles.

Por tudo isso, fica aqui a sugestão: analise as "verdades" sobre o dinheiro que foram marteladas na sua cabeça durante toda a sua vida e veja se elas são realmente "verdadeiras". Veja, com isenção, se a sua forma de pensar é sua mesmo, e não uma cópia fiel do modelo de dinheiro adotado por seus pais.

Robert T. Kiyosaki, autor do excelente livro *Pai Rico, Pai Pobre*, conta que teve dois pais, ambos fortes, carismáticos e influentes. Um deles, o pai biológico, era muito instruído, tinha ph.D. na Universidade de Stanford e ganhava um ótimo salário. O outro pai de Robert, o que ele adotou, era um empreendedor que saiu do zero e não chegou a concluir o segundo grau. Os dois lutaram muito para ganhar dinheiro no início de suas carreiras. O pai instruído, apesar de ganhar muito bem durante toda a vida, sempre enfrentou dificuldades financeiras. Ambos tinham ideias próprias com relação ao dinheiro. Um dos pais costumava dizer: "O amor ao dinheiro é a raiz de todo o mal". O outro, ao contrário, dizia: "A falta de dinheiro é a raiz de todo mal". Este pai, o postiço, quando faleceu, deixou uma fortuna para sua família, para sua igreja e para instituições de caridade. O outro, o pai biológico instruído, deixou apenas contas a pagar.

Esse caso real é um exemplo emblemático do quanto é importante adotar formas de pensar que não atrapalhem seu projeto de vida. Você precisa se certificar de que o seu modelo financeiro está programado para você progredir. Caso contrário, não vai alcançar o sucesso financeiro. Vale repetir, você precisará aprender a pensar e a raciocinar como os ricos em matéria de dinheiro.

Você precisa acreditar que é, de fato, o principal responsável pela sua vida. Não existe nada predeterminado para acontecer a você. O que existe é livre-arbítrio, e tudo vai se desenrolar do jeito que você determinar. Assim, reflita sobre sua postura de vida, melhore sua autoestima, reveja sua relação com o dinheiro e comece a pensar como os ricos.

20 TUDO QUE VOCÊ PRECISA SABER PARA FICAR RICO

Não importa seu momento de vida, comece a ficar rico agora. Se você é jovem, melhor ainda. Siga a máxima "Fique um pouco mais rico a cada dia" e beneficie-se da capitalização dos juros para manter seu patrimônio sempre em crescimento. O que você precisa é método e determinação. Mas como fazer isso e não desanimar no meio do caminho? O prazo é longo, há desafios a enfrentar e, com tantas variáveis envolvidas, como manter o foco no objetivo final? Saiba o que os escritores que tratam do tema "Ficar Rico" têm a dizer. Vamos começar com Mark Ford, um americano que há décadas atua como mentor de jovens empreendedores interessados em fazer fortuna. Mark é autor de vários best-sellers sobre empreendedorismo e construção da riqueza. No Brasil, seus textos são divulgados pela Empiricus, uma empresa especializada na produção de análises e relatórios sobre empresas que têm ações negociadas na bolsa de valores.

Os "Baldes" de Ouro de Mark Ford

Mark Ford criou um método de investimento programado muito simples, que batizou com o nome de "O Segredo dos Baldes de Ouro". Ele nos propõe um cenário onde existe um poço (que simboliza o lugar de onde extraímos nossa renda anual) e três baldes (ou reservatórios, como você quiser). O primeiro reservatório representa nossos "gastos", o segundo é o "reservatório da poupança" e o terceiro é o "reservatório dos investimentos". O desafio é ir retirando água do poço todos os meses (nossa renda) e ir enchendo os três baldes até a borda. Parece fácil, mas há dois problemas.

Primeiro problema: o poço não vai fornecer água para sempre (exatamente o que acontece com nossa renda, que tende a diminuir e até mesmo a acabar à medida que vamos ficando mais velhos).

Segundo problema: no balde "gastos", há um pequeno furo na parte de baixo (boa metáfora para simbolizar os nossos gastos pessoais).

Se administrarmos com diligência o enchimento dos baldes, vencemos o jogo (ou seja, ficamos ricos).

Voltando aos três baldes. O único que tem um furo é o balde de gastos e, nesse jogo, gastar mais do que a gente pode é a mesma coisa que alargar esse buraquinho. Com água em demasia escapando pelo ralo, há uma dificuldade para completar os baldes de poupança e investimento.

Percebeu a mensagem de Mark Ford? Ele quer que a gente fique de olho no balde de gastos! Esse balde precisa ter uma vazão suficiente para que desfrutemos o melhor de nossa vida agora, mas o ralo deve se manter pequeno para que não atrapalhe nossos planos futuros. Trocando água por dinheiro, Mark defende que o dinheiro que vamos colocar em cada um dos baldes tenha diferentes usos. O ideal seria juntar dinheiro no balde da poupança apenas para viabilizar projetos que estarão no seu radar nos próximos sete anos. O dinheiro do balde de investimentos seria acumulado visando a projetos mais longos, como a compra de um novo imóvel ou a formação de uma bolada para o início de um novo negócio.

Essa metáfora criada por Mark Ford é boa, mas pode ser aprimorada. Minha sugestão é que você faça mais: além dos "baldes de Mark", crie um reservatório adicional, a sua "reserva de lazer". Ela será o seu prêmio, uma merecida recompensa que você vai se dar, daqui para a frente, por seguir à risca um regime de investimento programado de longo prazo. Com a "reserva de lazer", você vai viabilizar seus projetos de diversão – e é por essa razão que você deve assumir um compromisso (com você mesmo) de que vai mantê-la ao longo de todo o período do seu plano. É o seu prêmio para perseverar.

Em termos práticos, veja o que deve fazer para iniciar seu plano. Faça uma relação das suas despesas e das suas receitas e veja o quanto pode poupar todos os meses, sem risco de "falhar". Vá devagar, não exagere nos valores para não afetar a sua qualidade de vida agora e também para não interromper o processo por falta de dinheiro. Comece com pouca grana e procure ir aumentando progressivamente nos meses subsequentes.

Não consigo ler pensamentos, mas talvez sua pergunta seja: como saber o montante ideal de dinheiro que deve ir para cada uma dessas reservas? Minha sugestão é que você faça diferentes tipos de investimento. Para o "reservatório de poupança" e para a "reserva de lazer", direcione apenas aplicações de renda fixa de baixo risco e com boa liquidez, como fundos DI e CDBs. Coloque aqui aquela grana que você foi acumulando na poupança durante todo o ano por conta do corte de gastos miúdos. Ou seja, esvazie o cofrinho da poupança uma vez por ano, dá menos trabalho.

Para o "reservatório de investimentos", considere fundos multimercado, LCIs (Letras de Crédito Imobiliário) e LCAs (Letras de Crédito do Agronegócio) e títulos do Tesouro Direto indexados à inflação. Se gostar do investimento em ações, seja conservador, aplique em boas empresas pagadoras de dividendos ou ações small caps (empresas com pequeno valor de mercado ou com pouca liquidez). Pesquise. Se você não conhece os prós e os contras desses investimentos citados, não se preocupe. Vamos falar de todos eles mais à frente, explicando direitinho como funcionam.

Voltando a falar da decisão de quanto dinheiro direcionar para cada reserva, essa é uma decisão sua. Mas, seja qual for, é importante que respeite as regras de uso do seu dinheiro de cada reserva, estabelecidas por você mesmo.

Veja o caso do "reservatório de poupança". Além de reservar essa grana para projetos de médio prazo, como reforma da casa ou troca de carro, esse é um dinheiro que também pode ser utilizado em emergências, inclusive em caso de perda de emprego. Afinal, ninguém está livre de imprevistos, que podem acontecer sem nenhuma razão, em qualquer momento da vida. Lembre-se: não são apenas os assalariados que correm o risco de ficar sem chão da noite para o dia. Capitalistas e investidores também estão sujeitos a infortúnios. Há empresas que quebram, investimentos que se revelam malsucedidos, opções que viram pó, ou seja, existem coisas e acontecimentos sobre os quais não temos controle.

Portanto, para esses e outros casos, é bom contar com um fundo de reserva para cobrir os gastos enquanto a vida não volta ao normal. Quanto de dinheiro acumular nesse fundo? Se puder, guarde o corresponde a 10% de cada real que receber (você vai ficar impressionado com a facilidade com que o bolo cresce) e mantenha essa conta com um saldo mínimo que seja suficiente para 12 meses de gastos.

Há uma conta simples que você pode fazer para chegar ao valor desse "reservatório de poupança". Experimente multiplicar sua idade por R$ 5.000,00 e confira se o resultado faz sentido. Por exemplo, você tem 45 anos. Nessa idade, você deveria ter uma reserva de R$ 5.000,00 x 45 = R$ 225.000,00. Se você já tem essa grana, está bem na fita. Se não tem, está na hora de correr atrás e fixar sua meta.

Ainda segundo essa lógica, quanto mais a gente envelhece, menos tempo teremos para irrigar o "reservatório de poupança". Então, alguém com 60 anos já deveria ter uma reserva de R$ 300.000,00 (R$ 5.000,00 × 60). Simples assim.

Como usar a "reserva de lazer"? Eu defendo que essa reserva signifique para você um sinônimo de poder. Ficou com vontade de fazer uma viagem para assistir a uma corrida de Fórmula 1 na Itália? Compre o ingresso, as passagens e faça as malas. Resolveu sentir o aroma de lavanda na Provence? Deu vontade de tomar um capuccino na Piazza Navona em Roma? Quer andar de buggy nas dunas do Ceará? Boa viagem.

Para quem acha que a "reserva de lazer" prejudica o plano de poupar regularmente, os psicólogos têm uma resposta na ponta da língua. Com ela, sai a compulsão (o hábito de comprar descontroladamente) e entra a liberdade para gastar com moderação, nem que seja uma única vez a cada mês. Pode funcionar. Que tal pensar sobre isso?

Seja qual for a estratégia que você decidir adotar no seu projeto de construção de riqueza, comece o quanto antes. Se você é jovem, tem tudo para reescrever seu futuro com facilidade. Lembre-se sempre do ensinamento de Robert T. Kiyosaki e coloque uma meta para você: "Não trabalhe pelo dinheiro, faça o dinheiro trabalhar para você".

PARTE 4

SEU DINHEIRO

21 ESTRATÉGIAS PARA CONQUISTAR SUA RIQUEZA

O que é tão importante quanto poupar regularmente durante um longo período de tempo? Investir com diligência e sabedoria.

São seus investimentos que vão garantir a realização dos seus projetos de longo alcance, a faculdade dos seus filhos e o seu padrão de vida na aposentadoria. Em princípio, formada a sua reserva, você só vai precisar usar os rendimentos para os seus gastos mensais, nunca o principal – que continuará crescendo.

Investimentos que possam colocar seu capital em risco não servem para você. Você pode e deve aproveitar as oportunidades do mercado acionário, mas, inicialmente, deixe isso em segundo plano, a não ser que você tenha bastante experiência no mercado financeiro. Opções são boas para hedge (proteção do valor de um investimento) e é claro que podem render um bom dinheiro. Mas esse não é um mercado fácil de atuar e, quando se erra a mão, opções viram pó de uma hora para outra. Aí as coisas se complicam, pois, quando se perde dinheiro em renda variável, é muito difícil recuperar na renda fixa.

Formar sua carteira de investimentos com várias classes de ativos (títulos públicos, ações, fundos de renda fixa) é sua melhor escolha, pois isso pode proporcionar a você uma rentabilidade superior à renda fixa. Sob o aspecto de gestão de risco, a diversificação faz sentido.

Investimentos com prazos mais longos, como os dos títulos do tesouro, podem garantir alguns pontos percentuais a mais de rentabilidade e fazer uma diferença enorme ao longo do tempo.

Seja qual for a composição que você desejar para sua carteira, siga estas regras de ouro:

Regra número 1: "Respeite seu perfil de investidor."

Regra número 2: "Sempre se lembre da regra número 1."

Em outras palavras: não fique tentado a obter uma remuneração maior para seus investimentos para "chegar lá mais depressa" se para isso for preciso desrespeitar a Regra número 1.

Não sei quanto você é capaz de poupar todos os meses. O que sei é que você precisa se cercar de cuidados ao investir seu dinheiro. Para obter uma boa performance para seus investimentos, mesmo que você já tenha um adequado nível de conscientização financeira, é fundamental contar com informações de qualidade e, sempre que possível, com a ajuda de profissionais.

Se você está começando a investir agora, é natural que precise de um tempo para conhecer as modalidades de investimento e as classes de ativos existentes no mercado financeiro brasileiro. Não tenha pressa, mas esforce-se. O aprendizado virá naturalmente. Estude e faça sempre muitas perguntas ao seu gerente ou executivo de conta.

Nesta altura do campeonato, acredito que você já tenha plenas condições para fazer simulações financeiras para tomar suas decisões. Com a ajuda de planilhas Excel, você pode obter respostas para as seguintes perguntas:

- Quanto preciso poupar todos os meses para ter R$ 1.000.000,00 daqui a 20 anos, aplicando meu dinheiro a 1% ao mês? Aqui você conhece 3 variáveis: a taxa de juros, o prazo e o montante final. Colocando-as na planilha, você obterá o valor mensal a poupar.
- Em quanto tempo eu acumulo R$ 1.000.000,00 se aplicar R$ 500,00 todos os meses a 1% ao mês? Variáveis conhecidas: taxa de juros, valor mensal a poupar e o montante final. Colocando na planilha, ela dá o prazo que levará para você conquistar sua reserva.
- A que taxa de juros eu preciso investir meu dinheiro se quiser ter R$ 1.000.000,00 daqui a 20 anos, aplicando R$ 1.000,00 por mês? Aqui você também conhece 3 variáveis: o prazo, o investimento mensal e o montante final. Colocando na planilha, você obtém a taxa de juros.

Defina cada uma das variáveis a seu gosto e vá em frente. A única coisa que você precisa ficar atento é a taxa de juros, ela não pode fugir das condições de mercado, caso contrário sua simulação não vai valer nada.

Saindo da teoria para a prática. Para investir com sucesso, além de conhecer as várias classes de ativos existentes no mercado (fundos de investimento, títulos do Tesouro Direto, ações, fundos imobiliários, ouro, imóveis), é preciso levar em conta fatores como:

- Seu perfil de investidor
- Sua tolerância a risco
- Horizonte de tempo do seu investimento

Qual é o seu grau de conhecimento dos produtos financeiros brasileiros? Se você investe unicamente em poupança ou fundos, saia da zona de conforto e venha conhecer alternativas mais interessantes, inclusive com garantia do governo. Caso contrário, você não vai a lugar nenhum.

Para quem está começando agora e não tem nenhuma experiência no mercado financeiro, a chance de considerar um texto sobre investimentos cansativo pode chegar a 100%. Então, há duas alternativas:

- Você apenas dá uma folheada nas próximas páginas e deixa o trabalho de orientação financeira a cargo do seu gerente de banco ou consultor de investimentos; ou
- Você faz um esforço e investe um tempinho para absorver os conceitos que serão apresentados a seguir e no final do livro, na seção Bônus. Você decide.

22 Perfil de Investidor

Desde o início de 2015, por força da Instrução nº 539 da Comissão de Valores Mobiliários (CVM), os bancos são obrigados a avaliar se o cliente bancário sabe exatamente o que está fazendo quando contrata produtos de investimento. Para isso, os bancos criaram um questionário que identifica o perfil de investidor de cada cliente. A adequação do portfólio (ou carteira de investimentos) ao perfil do investidor é fundamental para que a busca de performance em um dado investimento esteja corretamente alinhada ao padrão de tolerância a risco do investidor. É o que os americanos costumam chamar de *suitability*.

O perfil do investidor, muitas vezes, está relacionado ao estágio em que ele se encontra no ciclo de acumulação de riqueza. Na fase inicial, é normal - e até mesmo desejável - que o investidor seja mais arrojado nos seus investimentos e direcione seu dinheiro para produtos de alta performance e maior risco, que podem acelerar a expansão do seu patrimônio. Na outra ponta, clientes que estão nas fases de consolidação e preservação do patrimônio (ou mais próximos da aposentadoria) costumam adotar atitudes mais conservadoras na gestão de seus investimentos, preferindo produtos financeiros de menor risco. Ninguém quer ter surpresas nessa fase da vida. Proteção é a palavra de ordem.

Você precisa investir de acordo com seu perfil – e o seu gerente tem a obrigação de saber exatamente onde você se encaixa. De modo geral, costuma-se classificar os investidores em quatro perfis: conservador, moderado, arrojado ou agressivo.

Conservador: você é um investidor que quer ver o seu dinheiro crescer sem tomar sustos. Ou seja, você quer ganhar sempre (nem que seja pouco) e não admite ver o saldo dos seus investimentos diminuir em nenhum momento, nem mesmo se soubesse que esse saldo até poderia voltar a crescer mais à frente. Tem consciência de que para obter uma rentabilidade maior teria que assumir mais riscos, o que, definitivamente, não está nos seus planos.

Moderado: você continua sendo um típico investidor de renda fixa, mas está disposto a colocar uma pequena parcela do seu dinheiro em um investimento de maior risco. Por quê? Por que, para os seus planos, faz sentido buscar um juro real mais alto para viabilizar mais rapidamente seu projeto de riqueza.

Arrojado: você aceita correr um pouquinho mais de risco para obter ganhos maiores a longo prazo. Isso significa aceitar com naturalidade eventuais variações negativas no saldo dos seus investimentos ao longo do tempo, inclusive dos investimentos de renda fixa, que podem oscilar em função do mercado de juros.

Agressivo: você é um investidor mais experiente, que busca retornos maiores. Aceita aplicar em renda variável e sabe que seus investimentos estão sujeitos à volatidade do mercado, podendo sofrer variações negativas no curto prazo e até mesmo eventuais perdas de parte do valor. No longo prazo, você "sabe" que a performance será boa e que as oscilações ao longo do tempo não terão significado nada.

Qual é o seu perfil? Além de conhecê-lo, seu consultor financeiro também precisa levar em conta seus objetivos e o horizonte de tempo do seu investimento antes de sugerir a melhor composição para a sua carteira. Cuidado com gerentes de banco inescrupulosos que, para bater a meta e garantir o bônus de final de ano, simplesmente ignoram o perfil do cliente e recomendam o "produto do mês" – o que lhe dá mais pontuação – sem considerar o fator risco ou o melhor interesse do cliente.

23 INVESTIMENTOS

Se há uma coisa difícil de se fazer no Brasil é permanecer o tempo todo bem informado sobre as modalidades de investimento disponíveis no mercado. Fundos DI, CDB, LCI... é tanta sigla que parece brincadeira.

Com isso, as pessoas ficam confusas e, não raro, acabam preferindo aplicar no que já conhece: a boa e velha caderneta de poupança.

Você precisa conhecer os investimento mais importantes, mas, antes disso, é bom saber mais sobre um dos parâmetros mais utilizados pelo mercado para avaliar a rentabilidade de um investimento, o CDI. E conhecer os benefícios de contar com a proteção do FGC.

24 O QUE É O CDI?

CDI é a abreviação de Certificado de Depósito Interbancário, um título de emissão dos bancos que é semelhante ao CDB (Certificado de Depósito Bancário). Ao contrário do CDB, que você como pessoa física pode investir, a negociação do CDI é restrita aos bancos. Um título como o CDI permite que um banco que tenha dinheiro sobrando empreste para outro que esteja precisando, a uma determinada taxa. A maioria das operações é feita por um só dia, como no antigo overnight. Mas o CDI tem outra utilidade: a taxa média diária do CDI é utilizada como parâmetro para avaliar a rentabilidade dos investimentos em renda fixa, como os Fundos DI ou CDB, por exemplo. É essa informação que você precisa guardar. Assim, quando o seu gerente de banco oferecer uma aplicação que paga 95% do CDI, você vai saber do que ele está falando. Em outras palavras: se a taxa do CDI for de 14% ao ano, se você receber 95% do CDI, seu rendimento será de 14 x 0.95 = 13,30 % ao ano. Simples assim.

25 FUNDO GARANTIDOR DE CRÉDITOS (FGC)

O Fundo Garantidor de Créditos (FGC) é uma entidade privada formada por instituições financeiras e associações de poupança e empréstimo para proteger os investimentos de correntistas, poupadores e investidores. O fundo garante o pagamento de até R$ 250 mil (novembro de 2015) para cada correntista em caso de perdas motivadas por problemas financeiros da instituição. Por que você precisa saber isso? Porque existem investimentos que contam com a garantia do FGC e outros não. A poupança é um bom exemplo, mas há outros investimentos ainda mais atraentes que têm essa garantia.

Estamos agora prontos para falar de investimentos e vamos começar pela poupança.

26 POUPANÇA E FUNDOS DE INVESTIMENTO

A poupança disputa com os fundos de investimento a preferência dos brasileiros. As pessoas que aplicam em poupança julgam que o investimento é garantido pelo governo (o que é verdade) e que é livre de risco, o que não é bem verdade.

Sabe qual é o risco da poupança? É fazer com que você ache que está ganhando dinheiro, quando na verdade o seu patrimônio financeiro está perdendo para a inflação. Quer uma prova? Em novembro de 2015, no acumulado dos últimos 12 meses, o rendimento da poupança foi de 7%. No mesmo período, a inflação oficial medida pelo IPCA ultrapassou 9% ao ano. Faça a conta na data que estiver lendo esse livro e pode apostar que a poupança continua perdendo da inflação.

Então ficamos assim: reconhecemos que a poupança tem suas vantagens e facilidades. E que é útil para proteger o dinheiro contra parte da corrosão inflacionária no curto prazo. Mas, definitivamente, não é a melhor opção para quem busca uma alternativa que pague o juro real que você precisa para viabilizar o crescimento do seu patrimônio e fazer de você um milionário daqui a 30 anos.

FUNDOS DE INVESTIMENTO

Como funciona um fundo de investimento? Quando você investe em um fundo, o seu dinheiro é convertido em cotas, de acordo com a cota do dia. Com isso, você torna-se dono de parte da carteira do fundo, proporcionalmente ao capital que você está investindo.

O valor da cota do fundo é atualizado diariamente, conforme os preços de mercado de cada ativo que compõe a carteira. Para saber o valor atualizado do seu investimento, é só multiplicar a quantidade de cotas que você tem pelo valor da cota do dia, uma informação disponível nos jornais e na internet.

Fundos de investimento estão sujeitos às normas da ANBIMA

(Associação Brasileira das Entidades dos Mercados Financeiro e de Capitais) e da CVM (Comissão de Valores Mobiliários).

Os fundos de investimento são classificados em diversas categorias, como renda fixa, ações, multimercado, cambiais etc. Dependendo do tipo de fundo, a sua carteira pode estar investida em ações, títulos públicos, títulos cambiais, CDBs, derivativos ou commodities negociadas na BM&FBovespa.

Os fundos mais conhecidos são:

- Fundos DI
- Fundos Renda Fixa (RF)
- Fundos Multimercado
- Fundos de ações

Fundos DI buscam acompanhar a evolução da taxa de juros do mercado interbancário (CDI). Eles têm a carteira formada preponderantemente por títulos públicos pós-fixados e, por isso, são indicados para investidores que buscam rentabilidade com baixo nível de risco.

Fundos de Renda Fixa (RF) são mais indicados quando a tendência da taxa básica de juros (taxa Selic) é de baixa. Aplicam a maior parte de seus recursos em títulos públicos e buscam obter retornos mais altos que os fundos DI.

Fundos Multimercado podem utilizar múltiplas estratégias e investir em vários mercados, como renda fixa, renda variável, câmbio, commodities etc. Com isso, os gestores têm liberdade para diversificar a carteira e mais flexibilidade para buscar rentabilidade próxima ou superior ao CDI.

Fundos de Ações pertencem à categoria de fundos de renda variável e devem ter sua carteira preponderantemente aplicada em ações. São a maneira mais simples de investir no mercado de ações.

LIQUIDEZ DOS VÁRIOS TIPOS DE FUNDOS

Fundos DI ou RF têm liquidez diária e assim possibilitam resgates no mesmo dia, ou seja, D+0. Fundos Multimercado pagam os resgates no dia seguinte à sua solicitação, portanto em D+1. Os Fundos de Ações colocam o dinheiro na sua conta em D+3. Em muitos casos, pode-se fazer aplicações e resgates pela internet.

Além dos fundos, fique atento às opções de investimento em renda fixa que vão se tornando atraentes em função da realidade econômica de momento e sempre dê preferência para as que paguem a você um juro real. Quer exemplos de investimentos que proporcionam a você um juro acima da inflação?

27 LCI, LCA E CDB

A LCI, Letra de Crédito Imobiliário, é uma aplicação de renda fixa isenta de imposto de renda e IOF. Graças a esse benefício fiscal, a rentabilidade da LCI tem se mostrado melhor do que as aplicações em fundos, CDBs e outras modalidades de investimento em renda fixa tradicionais. De modo geral, as LCIs são emitidas com prazos longos (1, 2, 3 e 5 anos), com garantia do FGC (Fundo Garantidor de Créditos) até o valor de R$ 250 mil por CPF.

Mas, como não existe almoço grátis, na maioria dos casos, não há liquidez durante o período do investimento. Outro fator a ponderar é o tamanho do ticket mínimo para você investir, geralmente superior a R$ 100 mil. De qualquer forma, sempre que aparecer a oportunidade de investir em LCI, aproveite. Não é toda hora que os bancos têm lastro suficiente para emitir LCI e assim atender a forte demanda pelo produto.

LCA - LETRA DE CRÉDITO DO AGRONEGÓCIO

Emitido por instituições financeiras, a LCA é um título vinculado a direitos creditórios que viabiliza a captação de recursos para os participantes da cadeia do agronegócio.

Assim como as LCIs, as LCAs são isentas de IR e IOF para a pessoa física. As LCAs também são garantidas pelo Fundo Garantidor de Créditos (FGC) até determinado limite (na data da publicação deste livro, R$250 mil por CPF).

Como as LCIs, as LCAs também possuem remuneração estabelecida como um percentual que costuma variar entre 89 e 94% do CDI, dependendo da instituição emissora e do volume da aplicação. A liquidez também ocorre no longo prazo.

A LCA é resgatável apenas na data de vencimento.

CDB (CERTIFICADO DE DEPÓSITO BANCÁRIO)

O Certificado de Depósito Bancário, mais conhecido pela sigla CDB, é um título de renda fixa emitido pelos bancos que pode ser uma opção de investimento interessante para você, pois tem liquidez diária e costuma ter uma rentabilidade próxima da variação do CDI. Outra vantagem: o CDB conta com a garantia do Fundo Garantidor de Créditos (FGC) até o limite de R$ 250 mil por CPF.

Os principais tipos de CDB são:

- CDB prefixado: a taxa de juros é prefixada logo no ato da aplicação. Assim, você já sabe exatamente quanto vai ganhar.
- CDB CDI: a rentabilidade é pós-fixada, definida pelo CDI ao longo do tempo do investimento.

28 FUNDOS DE INVESTIMENTO IMOBILIÁRIO (FII), TESOURO DIRETO E AÇÕES

Os Fundos de Investimento Imobiliário, os FII, são uma moderna e interessante alternativa para você investir em imóveis e com isso passar a receber uma renda mensal de aluguel.

O FII é um investimento indicado para qualquer pessoa, pois não exige experiência ou conhecimento prévio do setor. Ao investir em um FII, você está comprando partes (cotas) de um ou mais imóveis. E, como você compra uma parte (cota), passa a receber um aluguel mensal correspondente à sua parcela de participação. Simples assim.

Uma das grandes vantagens de investir em imóveis via fundo imobiliário é que a renda mensal que você recebe é isenta de imposto de renda, ao contrário do que acontece quando você aluga um imóvel pela pessoa física.

Há mais de 100 FIIs no mercado e é preciso avaliar com cuidado as perspectivas de desempenho de cada um e analisar a qualidade dos imóveis que formam sua carteira. Aplicar em um FII é muito simples e não exige um investimento mínimo elevado. Para identificar os fundos imobiliários mais promissores, recomendo uma pesquisa na internet. Há empresas que produzem relatórios bem fundamentados sobre eles, indicando as vantagens e os riscos desse tipo de investimento. Pesquise.

TESOURO DIRETO

Os títulos do Tesouro Direto são uma ótima alternativa para a diversificação de investimentos. Pode-se optar por títulos com rentabilidade prefixada ou pós-fixada.

Os títulos prefixados mais conhecidos são:

- Tesouro Direto Prefixado (antigas Letras do Tesouro Nacional)
- Tesouro Prefixado com juros semestrais 2025 (antigas NTN-F)

Ambos possuem rentabilidade definida no momento da compra e assim você fica sabendo o valor que irá receber se esperar a data de vencimento. Se vender antes, ganha ainda mais se as taxas de juros do dia da venda forem mais baixas do que aquelas praticadas no dia que comprou. E vice-versa: terá uma rentabilidade menor do que a contratada se as taxas de juros do dia da venda forem mais altas do que as do dia da compra.

Os principais títulos do tesouro pós-fixados são:

- Tesouro IPCA + 20XX (antiga NTN-B Principal)
- Tesouro IPCA com juros semestrais 20XX (antiga NTN-B Série B)
- Tesouro Selic 2017 (antiga LFT - Letra Financeira do Tesouro)

Todos eles oferecem uma rentabilidade que somente será conhecida mais à frente, na data da venda. Essa rentabilidade estará ligada ao desempenho do indexador do título e da taxa contratada no momento da compra.

INVESTIMENTO EM AÇÕES

Outra opção que deve considerar: investir em ações diretamente. Quando você compra ações de uma empresa, torna-se sócio dela – e seu retorno está relacionado ao desempenho da empresa na qual investiu. Se ela dá bons resultados, você participa deles recebendo dividendos. E, quando as cotações das ações na Bolsa sobem, o seu investimento acompanha essa valorização. Você pode investir em ações por meio de uma corretora de valores ou pelo homebroker.

Operar por meio de uma corretora de valores é muito simples. Para quem não quer ter nenhum trabalho, é a solução. Mas nem sempre é a alternativa mais barata quando o assunto é taxa de corretagem. Isso porque a cada compra ou venda de ações em Bolsa, você paga uma comissão de negociação para ter suas ordens executadas (a tal taxa de corretagem).

A outra opção é o homebroker, um sistema oferecido por bancos e corretoras para você se conectar diretamente ao pregão eletrônico da bolsa de valores e enviar ordens de compra e venda de ações pela internet. O homebroker nada mais é do que um portal de investimentos, onde você faz aplicações e resgates on-line com agilidade e segurança. Na plataforma, você tem acesso a cotações em tempo real e conta com análises, relatórios, gráficos, informações de mercado e ferramentas que ajudam você nas suas decisões de investimento. Pesquise na internet e escolha o homebroker que melhor atenda seus interesses.

Qual a diferença entre operar por uma corretora ou pelo homebroker? Preço e comodidade. Nos dois casos, a operação é feita por um sistema totalmente eletrônico. Pelo homebroker, é você quem manda a ordem pelo seu computador via internet. Se a compra ou venda é feita via corretora, o seu assessor na corretora é que manda a ordem em seu nome. Por que um serviço é mais caro e outro mais barato? Simples, com a corretora você fala com gente, com o homebroker você "fala" com seu computador.

Como escolher as ações para sua carteira? Como saber a hora de comprar ou vender uma ação? Você tem algumas opções, como estas:

- Estudar bastante e aprender em detalhes o funcionamento do mercado de ações, ler relatórios de análise, decidir quais ações deseja comprar ou vender e dar suas ordens para sua corretora ou homebroker; ou

- Receber recomendações de investimento do seu banco, corretora de valores ou empresa de análise independente. Depois, é só dar suas ordens de compra e venda para sua corretora ou homebroker.

Parece tudo muito fácil, não é mesmo? Ledo engano. Considere o seguinte.

O preço de uma ação negociada em Bolsa flutua de acordo com as perspectivas para os mercados e guarda relação direta com as projeções de desempenho de cada companhia. Uma ação pode estar barata hoje e cara amanhã. Como saber? Só estudando muito ou contando com a ajuda de quem não faz outra coisa senão acompanhar o mercado, analisar cada empresa e avaliar o cenário macroeconômico. Os bancos e as corretoras fazem isso e disponibilizam essas informações aos clientes. Ocorre que os bancos, as empresas de gestão de recursos (assets) e as corretoras também investem nesse mercado, inclusive por meio de fundos de investimento. Então, como saber se uma recomendação de compra ou venda de uma ação é feita sem nenhum conflito de interesse? Difícil.

Nas últimas décadas, felizmente, os orgãos reguladores do mercado de capitais brasileiro promoveram uma série de medidas para proteger os investidores. Hoje, a divulgação de produtos de investimento precisa seguir as normas da Anbima e da CVM. Sem dúvida o investidor hoje está mais protegido do que em junho de 1971, ano em que a Bolsa de Valores de São Paulo teve uma de suas maiores quedas em função do "estouro" de uma grande bolha especulativa.

Uma boa opção para contar com informações de qualidade, análises de desempenho e perspectivas para as ações negociadas na BM&FBovespa é assinar os relatórios de uma empresa de pesquisa independente. A proposta de uma das empresas que melhor presta esse tipo de serviço, a Empiricus, é muito interessante. A empresa ganha dinheiro vendendo relatórios diretamente para pessoas físicas e jurídicas, que recebem as informações ao mesmo tempo. Você pode escolher as séries que deseja e recebê-las por e-mail. Como a empresa não detém posições nos papéis que analisa, está livre para recomendar a compra ou a venda sem qualquer conflito de interesse. Os relatórios da Empiricus se encaixam como uma luva no seu projeto de riqueza de longo prazo. Você pode receber informações de empresas listadas na bolsa de valores de acordo com determinado perfil, como:

- Melhores ações blue chips (de empresas de grande valor de mercado. São as consideradas de "primeira linha")
- Melhores companhias pagadoras de dividendos
- Melhores empresas do segmento small caps
- Ações "esquecidas" pelo mercado, com preços defasados em relação aos seus múltiplos
- Ações que podem proporcionar grandes ganhos no longo prazo por conta de eventos corporativos que alavanquem substancialmente seu valor, como fusões, incorporações ou alianças estratégicas.

As análises são bem fundamentadas e as empresas são acompanhadas de perto pelos analistas. Mudanças de perspectiva são informadas ao assinante.

Quais ações comprar? Como estamos falando de um projeto de 30 anos, as recomendações vão variar ao longo do tempo. Hoje, blue chips como Ambev, Itaú e Cielo fariam parte da sua carteira. Além de empresas com perfil semelhante a essas, a parcela de ações poderia ser completada com:

- Companhias com tradição no pagamento de bons dividendos
- Small caps com alto grau de sustentabilidade no longo prazo
- Ações de companhias que possuem subsidiárias fora do Brasil ou plataformas exportadoras que proporcionem receitas dolarizadas.

29 PREVIDÊNCIA PRIVADA

Encerramos essa seção falando sobre outra opção de investimento inteligente para complementar sua renda na aposentadoria: previdência privada.

No Brasil, os mais conhecidos são o PGBL (Plano Gerador de

Benefício Livre) e o VGBL (Vida Gerador de Benefício Livre). Ambos são investimentos de longo prazo, nos quais você faz aportes mensais ou contribuições extras, sempre com o objetivo de acumular uma reserva financeira para usar no futuro. No final do plano, no prazo escolhido por você, é possível tanto resgatar todo o patrimônio acumulado de uma só vez (levando uma bolada para casa) ou passar a receber uma renda mensal (temporária ou vitalícia).

PGBL OU VGBL: QUAL O PLANO MAIS INDICADO PARA VOCÊ?

Invista em PGBL se você recebe salários, aluguéis ou rendimentos com retenção de IR na fonte e faz a Declaração de IR no modelo completo. Investindo em PGBL, você recebe um incentivo fiscal. Na Declaração de IR, você pode deduzir as contribuições ao plano PGBL do cálculo do imposto a pagar, limitadas a 12% da renda bruta anual. Outra vantagem: o PGBL, ao contrário dos fundos de investimento, não tem come-cotas. Com isso, há uma postergação do recolhimento do IR durante muitos anos. Esse IR não recolhido permanece aplicado no fundo recebendo juros, resultando numa melhor rentabilidade no longo prazo.

Já o VGBL é a opção mais indicada se você tem apenas rendimentos isentos de IR ou rendimentos que não estão sujeitos ao IR na fonte.

Tanto o PGBL quanto o VGBL são investimentos muito fáceis de realizar. Mas, no ato de contratação do plano, é fundamental ficar atento a alguns detalhes. Minha sugestão é que você converse com seu gerente de banco ou consultor de investimentos para identificar qual tipo de tributação é mais favorável a você.

Se você optar pela tributação regressiva definitiva, a menor alíquota de IR que pode conseguir é de 10%. Outra opção é a tributação progressiva compensável. Nesse caso, há incidência de 15% de IR na fonte no momento de cada resgate.

Portanto, escolher a opção tributária mais adequada para sua situação específica pode fazer a diferença. Por isso, peça ajuda ao seu gerente para identificar a melhor alternativa para você. E conte com a facilidade do débito automático para que seu investimento seja realizado regularmente todos os meses.

30 ALOCAÇÃO DE ATIVOS

Se você tem um perfil conservador, não invista mais do que 5% em ações nos primeiros 20 anos do seu plano.

Seu perfil é moderado? Invista 10% em ações para começar. Arrojado ou agressivo? Forme sua carteira com um máximo entre 15% e 20% em ações nos primeiros 20 anos do seu plano. Passado esse período, seja qual for seu perfil de investidor, reavalie e vá diminuindo as posições em renda variável, migrando gradativamente para a renda fixa. Considere essas sugestões como ponto de partida.

PERFIL CONSERVADOR

- 85% renda fixa (LCI/LCA, fundos DI, títulos pós-fixados)
- 5% aplicações em moeda forte
- 5% fundos imobiliários
- 5% ações

PERFIL MODERADO

- 70% renda fixa (Tesouro Direto, títulos pós-fixados, LCI/LCA)
- 10% aplicações em moeda forte
- 10% fundos imobiliários
- 10% ações

PERFIL ARROJADO

- 60% renda fixa (Tesouro Direto, títulos pós-fixados, LCI/LCA)
- 15% aplicações em moeda forte
- 15% ações
- 10% fundos imobiliários

Perfil Agressivo

- 55% renda fixa (Tesouro Direto pré e pós-fixado, LCI/LCA)
- 20% ações
- 15% aplicações em moeda forte
- 10% fundos imobiliários

Estas sugestões são apenas… sugestões. Podem variar de pessoa para pessoa, inclusive de mesmo perfil. Portanto, converse com seu consultor de investimentos para falar mais sobre seu perfil de investidor e receber orientação adequada aos seus objetivos.

PARTE 5

E AGORA?

31 AS VINTE LIÇÕES

Muita gente sente um vazio quando termina a leitura de um livro. Nessa hora, é normal que o leitor perceba que o autor passou uma grande responsabilidade para ele. Como tratar todas as informações que recebeu? Como saber se o conhecimento adquirido pode realmente mudar sua vida? O que fazer? Agir ou procrastinar?

O fato é que o escritor deu duro para reunir informações de qualidade, nas quais acredita – mas não tem nenhum controle sobre o que o leitor fará com elas. O sonho de todo escritor é que sua obra seja útil e se torne fonte de consulta. Mas esse pode ser um sonho de verão. A única certeza é que, a partir de certo ponto, a decisão está nas mãos do leitor. Então, para ajudar você no seu próximo passo, vamos rapidamente relembrar as 20 principais lições aprendidas.

LIÇÃO Nº. 1 – CONQUISTE SUA INDEPENDÊNCIA FINANCEIRA

Inicie o seu plano de construção de riqueza e de conquista da sua independência financeira imediatamente. Quanto antes você começar a poupar, mais fácil será atingir a reserva financeira que você mesmo vai colocar como sua meta futura. Por que começar agora? Porque, quanto mais tempo de poupança tiver até atingir seu objetivo, menor será o valor da parcela mensal que precisará investir desde o início todos os meses.

LIÇÃO Nº 2 – NÃO DEPENDA APENAS DA PREVIDÊNCIA OFICIAL NA APOSENTADORIA

Começando cedo, você não terá o problema enfrentado pela grande maioria das pessoas de idade. Com o aumento da expectativa de vida, daqui para frente será mais do que normal que as pessoas vivam, em média, 25 anos após se aposentarem aos 65 anos. No Brasil, quem não poupar enquanto é jovem não terá como pagar convênio médico, medicamentos e dificilmente terá uma vida digna como aposentado. Confiar apenas na previdência oficial não é uma boa ideia. É melhor confiar apenas em você, em vez de achar que alguém vai sustentá-lo na velhice.

LIÇÃO Nº 3 – POUPE ENQUANTO É JOVEM

Qual é o conselho que as pessoas de idade gostariam de ter recebido quando jovens? Ou melhor, quais os conselhos que os velhinhos de hoje receberam e não seguiram e que agora se arrependem amargamente? "Comece a poupar enquanto você é jovem" e "Não deixe para amanhã, comece a guardar dinheiro hoje". Lembre-se disso enquanto é jovem, o amanhã chega mais rápido do que você pensa.

LIÇÃO Nº 4 – ACUMULE PATRIMÔNIO PARA PODER TRABALHAR APENAS SE QUISER

Quando você poderá se considerar um milionário? Assim que não precisar mais trabalhar para viver, sabendo que seus investimentos financeiros serão suficientes para bancar seu atual padrão de vida e consumo para o resto da vida. Além de seus investimentos financeiros, seu patrimônio certamente será composto por ações que pagam dividendos, imóveis e outros ativos que geram renda ou receitas de aluguel. Quando a receita é sempre maior do que a despesa – e o excedente financeiro é investido a juros ao longo do tempo –, o dinheiro dificilmente acaba. Quando ficar milionário, vai trabalhar porque gosta, não porque precisa. E poderá dizer, com certo orgulho: "Eu não trabalho por dinheiro. O dinheiro é que trabalha para mim".

LIÇÃO Nº 5 – FIQUE RICO SEM PERDER SUA QUALIDADE DE VIDA

De nada vale ter muito dinheiro se você não tiver qualidade de vida. Para ficar rico, não é preciso ser sovina, mão de vaca ou pão-duro, muito menos passar os seus melhores anos acumulando dinheiro e se "esquecendo" de desfrutar a vida. Se você passar a vida se privando das boas coisas que o dinheiro pode comprar – e de coisas que fazem bem à alma –, seu projeto de riqueza será um fracasso. Em outras palavras, quando alguém fica 100% do tempo pensando só em dinheiro, fica com 0% de tempo para desfrutar das coisas boas que a vida oferece. Ademais, tornar-se o cara mais rico do cemitério não deve ter a menor graça. Simples assim.

Lição Nº 6 – Ponha mais vida em cada um dos seus anos de vida

Parafraseando o economista Eduardo Gianetti da Fonseca: "A vida é breve, os dias se devoram e nossas capacidades são limitadas. A cada passo da jornada, escolhas têm de ser feitas. Que peso atribuir ao futuro diante dos apelos, acenos e premências do presente? O que valeria mais a pena escolher – colocar 'mais vida em nossos anos' ou 'mais anos em nossas vidas'?" Pense nisso.

Lição Nº 7 – Fuja da teia de aranha dos juros

Explicando Eduardo Gianetti da Fonseca e o conceito de juros: "Desfrutar o momento ou cuidar do amanhã? As trocas no tempo pontuam nossa trajetória pelo mundo e elas são uma via de mão dupla. A posição credora é aquela em que abrimos mão de algo no presente em prol de algo esperado no futuro (é quando poupamos agora para consumir depois). No outro sentido, temos a posição devedora – viver agora, pagar depois. Os juros são o prêmio da espera na ponta credora e são o preço da impaciência na ponta devedora". No Brasil de hoje, de juros obscenos, o preço da impaciência é incrivelmente mais alto do que o prêmio da espera. Fuja das compras a prazo, fuja dos juros.

Lição Nº 8 – Comprometa-se com seu plano de investimento

Quanto investir para começar a colocar em prática seu projeto de riqueza? Poupe todos os dias o equivalente a uma hora do seu trabalho ou 10% de cada pagamento ou receita que entrar na sua conta bancária. Você é a melhor pessoa para descobrir como fazer isso de uma forma organizada, meticulosa, regular, sistemática e, de preferência, automática.

Lição Nº 9 – Seja uma máquina de aprender

É impossível construir riqueza sem entender como funciona o dinheiro. O preço para seu projeto dar certo é entender os conceitos de juro real, inflação e valor do dinheiro no tempo. Inspire-se e releia o trecho do livro que começa na página 24 e termina na página 37. Acredite, vai ser bom para você e é mais simples do que imagina.

Lição Nº 10 – Seu perfil de investidor, sempre alinhado às fases de sua vida

Você precisa de um gerente de banco ou especialista de investimentos para ajudar você a entender os produtos financeiros disponíveis no mercado. Todos os dias surgem novas modalidades de investimento e de tempos em tempos o governo sempre acaba mexendo nas regras de tributação. Mas se há algo que não muda é a estratégia de alocação de investimentos que leva em conta o seu momento de vida. Mesmo que você seja um investidor de perfil conservador, comece investindo em títulos de longo prazo de alta rentabilidade e baixa liquidez. Se for o caso, invista também em ações. Depois, à medida que o tempo vai passando, volte o perfil de risco da sua carteira para um perfil mais moderado, terminando com perfil conservador.

Lição Nº 11 – Seja proativo com sua carreira

O sucesso de um projeto de independência financeira depende de muitos fatores, como trabalho, disciplina, determinação e conhecimento. Torne-se uma máquina de aprender, por toda a vida. Se você é assalariado, invista na sua carreira e procure conquistar uma posição mais relevante na empresa. Você vai ganhar mais e terá mais capacidade de investimento. Sua evolução profissional depende muito de você. Faça sua parte: saiba exatamente aonde quer chegar, reinvente-se a cada dia, seja proativo e criativo. Mantenha-se focado no seu trabalho, "contamine" seus colegas com energia e bom humor. Pense na empresa como se fosse o seu próprio negócio e contribua com sugestões que melhorem a produtividade e resultem em ganhos para a companhia. Controle o seu desempenho, anote os resultados que traz. Peça ao seu chefe, de tempos e tempos, feedback do seu trabalho – assim você fica sabendo se seu esforço está sendo "percebido" por ele. Quando forem falar de aumento salarial, a conversa fica mais fácil.

LIÇÃO Nº 12 – FIQUE DE OLHO NO SEU NETWORKING

Uma boa rede de contatos aumenta sua capacidade de aproveitar oportunidades de crescimento profissional. Pessoas com bom networking em geral são bem informadas e antenadas. Para elas, obter uma nova colocação profissional ou realizar bons negócios é uma tarefa menos complicada do que para pessoas mais voltadas para si mesmas. Por que ressaltamos a importância do networking? Porque o seu projeto de conquista de liberdade financeira pressupõe um fluxo contínuo de aportes financeiros ao longo de sua vida. Se esse fluxo for interrompido em função de uma perda de emprego, ainda que temporária, a acumulação da sua reserva financeira pode ser prejudicada. Faz sentido esforçar-se para manter uma rede de contatos de qualidade, ainda mais se você precisar conquistar uma nova posição no mercado de trabalho.

LIÇÃO Nº 13 – MANTENHA-SE ATENTO ÀS OPORTUNIDADES DE RENDA PASSIVA

Além de investir na sua carreira, aventurar-se no mundo empreendedor pode ser uma boa ideia para aumentar sua renda. Talvez você não deva se preocupar muito com isso no início de sua trajetória profissional, quando o foco deve estar dirigido para sua carreira. Um pouco mais tarde, dependendo do tipo de trabalho, pode ser possível e até mesmo desejável desenvolver um negócio em paralelo com sua carreira. Mas, vale lembrar, empreendedorismo exige altas doses de trabalho, determinação, persistência e, é claro, o sucesso depende também de muita sorte. Em qualquer situação, você precisa guardar dinheiro, pois, para ter mais estabilidade ao longo de sua vida, deve adquirir ativos que geram renda. Para quem já tem um capital razoável e gosta do mercado imobiliário, investir em imóveis para alugar é uma boa alternativa. Outra opção é formar uma carteira de ações com empresas boas pagadoras de dividendos. Por trás dessas sugestões, sempre a mesma ideia: ampliando e diversificando suas fontes de renda, você fica menos dependente do desempenho da empresa onde trabalha e dos humores do seu chefe. E fica mais próximo da situação ideal: fazer o dinheiro trabalhar para você.

LIÇÃO Nº 14 – JUROS: RECEBER SEMPRE, PAGAR NUNCA

Beneficie-se dos juros compostos. São eles que vão torná-lo rico. Portanto, vá atrás de todo dinheiro que puder conquistar e dê preferência para investimentos isentos de imposto de renda ou sujeitos às menores alíquotas de IR possíveis. Muitas vezes é necessário sacrificar a liquidez e investir em prazos mais longos para obter as melhores taxas e pagar menos IR. Na data em que este livro estava sendo escrito, havia dois investimentos isentos de IR bastante atrativos, a LCA e a LCI, já explicados a você.

LIÇÃO Nº 15 – QUEM GASTA MENOS PODE INVESTIR MAIS

Racionalizar despesas é uma poderosa fonte de geração de poupança. Controlando seus gastos e aumentando o seu poder de investir, você terá uma vida melhor no futuro. E, se tiver equilíbrio, não precisará se privar dos seus sonhos de consumo do presente. Se você continua achando que o futuro está muito distante – e que por isso não vale guardar dinheiro agora –, pense então em você! Fique rico para não receber ordens de ninguém. Fique rico para trabalhar se e quando quiser. Fique rico para esquecer que o governo existe. Fique rico para desfrutar do prazer e da sensação de fazer suas próprias escolhas. Fique rico para ter a liberdade de ir e vir, viajando para lugares onde o seu coração baterá mais forte. Fique rico para ser um cidadão do mundo. Fique rico para ser livre!

LIÇÃO Nº 16 – DESCUBRA O SEU FATOR CAFÉ®

Identifique qual é o calcanhar de Aquiles, o ponto nevrálgico, os vilões do seu orçamento doméstico. Para isso, durante um mês, anote cuidadosamente todos os seus gastos diários, desde a compra de cigarros, cafezinho, lanches, almoços, gasolina, aluguel de vídeos, contas de concessionárias de serviços públicos (telefone fixo, celular, internet, TV a cabo, gás, eletricidade, água), condomínio, IPTU, IPVA, plano de saúde, farmácia, supérfluos etc. Coloque também as compras parceladas que você fez no cartão e eventuais cheques pré-datados. Não deixe nada de fora, nem mesmo a gorjeta que você dá no posto de gasolina. Coloque tudo em uma planilha com duas colunas. A primeira relacionará o gasto mensal. A segunda, o gasto anual. Esqueça a primeira e foque sua atenção na segunda. Examine meticulosamente cada um dos seus gastos e habilite-se para responder essas perguntas: o que acontece se você cortar ou renegociar esta ou aquela despesa? Dá para mexer no plano de celular, internet e TV a cabo? Consegue visualizar por onde está vazando dinheiro? Dá para mudar algum hábito que estava esvaziando sua carteira sem que você se desse conta? Dá para fazer uma racionalização de despesas que não prejudique em nada sua qualidade de vida? *Just do it*. Você precisa encontrar o seu Fator Café®.

LIÇÃO Nº 17 – SEM DINHEIRO? NÃO CONSUMA! PAGUE TOTALMENTE O CARTÃO

Quando não resistimos e compramos um bem supérfluo, estamos exercendo nosso direito de escolha (decidimos consumir em vez de investir). E, quando a compra nos dá prazer e foi paga à vista, difícil reprovar a decisão. O que é condenável é ir às compras sem ter dinheiro e aumentar a dívida do cartão de crédito. Depois de tomar uma decisão como essa, consertar o erro não é fácil. Já falamos sobre o que acontece com uma pessoa que deve no cartão de crédito e decide pagar todos os meses a fatura pelo valor mínimo. Se persistir no erro, não vai conseguir jamais se livrar da teia de aranha dos juros. É praticamente impossível escapar dessa armadilha sem quitar a dívida à vista. Mas quantos podem fazer isso? Se você está com problema de caixa, o seu plano de conquista de liberdade financeira começa com o pagamento de suas dívidas. Para isso, faça economia, procure seu banco ou sua operadora de cartão e negocie juros mais baixos, fazendo um plano para pagar a dívida em parcelas fixas. Se preciso, recorra aos orgãos de defesa do consumidor para receber orientação. Foque sua atenção e concentre toda a sua energia nisso – e assim que possível, retome seus planos de poupança e investimentos.

LIÇÃO Nº 18 – DEFINA O VALOR E APLIQUE LOGO. USE O DÉBITO AUTOMÁTICO

Dê início ao seu projeto de riqueza o quanto antes. Assim que conseguir racionalizar despesas e reprogramar seu orçamento, comprometa-se e respeite o valor que vai investir regularmente todos os meses. Fale com seu gerente de banco e autorize uma transferência automática do valor que sairá de sua conta-corrente para seu investimento. Escolha a melhor data para o débito, em geral a mesma em que seu salário ou aluguel é creditado, caso tenha imóvel alugado. O débito automático é de graça. E o que é melhor, não falha. Outra coisa boa: você pode ir aumentando o valor do seu investimento mensal à medida que seus rendimentos forem crescendo. Escolha um fundo DI com baixa taxa de administração e mande tudo o que pingar na sua conta-corrente para esse fundo. No final do ano, faça a alocação desse dinheiro acumulado nas diversas classes de ativos de sua carteira. Com isso, você pode manter o perfil da carteira sempre alinhado aos seus objetivos de longo prazo e sua tolerância a risco.

LIÇÃO Nº 19 – PROGRAME-SE PARA VENCER

A parte prática do seu plano você já sabe como operacionalizar. Agora vem a parte emocional. Se a sua cabeça não estiver preparada para uma nova realidade, seu projeto tem poucas chances de prosperar. Como é a sua relação com o dinheiro? O seu modelo financeiro está programado para você progredir? Você precisa começar a pensar como os ricos em matéria de dinheiro – e acreditar que sua vida vai se desenrolar do jeito que você determinar. Torne-se uma máquina de aprender: estude, trabalhe bastante, pense grande, comprometa-se com resultados e aprenda com seus erros. Não desista nunca, nem quando encontrar pedras no caminho. Até porque algumas podem ter sido colocadas pela sua própria mente.

Lição Nº 20 – Conheça tudo sobre investimentos, brigue pela melhor taxa

Depois de falar sobre controle de gastos, de formas de aumentar a sua renda e da importância de mudar sua cabeça com relação a dinheiro, falamos de investimentos. Qual é o seu grau de conhecimento dos produtos financeiros? Se as alternativas de investimento apresentadas a você mais confundiram do que ajudaram, não se preocupe. No início, você vai investir nas mais simples e fáceis de entender, como fundos DI. Converse com seu gerente de banco e deixe o trabalho de orientação financeira por conta dele, muitos bancos oferecem uma consultoria de investimentos gratuita. Com o tempo, você vai aprendendo e se sofisticando, sem estresse. Cada percentual a mais de retorno que você conseguir para seus investimentos terá um impacto muito grande no desempenho de sua carteira no longo prazo.

PARTE 6

Bilionários famosos

32 BILIONÁRIOS FAMOSOS: VOCÊ SABE COMO ELES ENRIQUECERAM?

A revista Forbes apresenta todos os anos o ranking das pessoas mais ricas do planeta. Que tal conhecer a história de alguns dos maiores bilionários do Brasil e do mundo?

33 BILL GATES

O americano Bill Gates ocupa há anos a posição de maior bilionário do mundo. De acordo com a revista Forbes, sua fortuna era superior a 79 bilhões de dólares em novembro/2015. Sua posição está ameaçada de perto pelo segundo colocado, o espanhol Amancio Ortega, dono da Inditex, grupo que controla a Zara.

Bill Gates fundou em 1970, com seu sócio Paul Allen, a Microsoft, empresa líder mundial no desenvolvimento, produção e comercialização de software. Primeiro ou segundo no ranking, não importa. O que é digno de nota é que ele está usando seu dinheiro de forma muito positiva e é agora considerado o maior filantropo do mundo de todos os tempos. Ele e sua mulher Melinda criaram a Fundação Bill & Melinda Gates, que desde o ano de 2000 já destinou mais de 30 bilhões de dólares para iniciativas que visam a redução da desigualdade social e para projetos nas áreas de educação, saúde, e uma série de ações concretas para a eliminação de endemias e doenças como poliomielite, malária e vírus ebola nas nações nas quais ainda se manisfestam.

Nascido em 28 de outubro de 1955 na cidade de Seattle (estado de Washington, nos Estados Unidos), Bill Gates é casado e tem três filhos: Jennifer, Rory e Phoebe Gates. Oriundo de uma típica família americana de classe média alta, ele e suas duas irmãs foram criados em um ambiente de união e proximidade, com incentivo ao trabalho voluntário e valorização da excelência e da competitividade.

Bill Gates era um leitor voraz, lia tudo que lhe caía nas mãos. Mas, quando tinha pouco mais de 11 anos, seus pais notaram que ele se mostrava entediado e recluso na escola. Embora seu desempenho escolar fosse bom, algo não ia bem e por isso decidiram matriculá-lo na Lakeside School de Seattle, uma escola melhor do que a escola pública que ele frequentava. O resultado foi surpreendente: Gates passou a ter um desempenho excepcional, especialmente em matemática e ciências. E, aos 13 anos, começou a se interessar por programação de computadores. Aos poucos, o menino inteligente e cdf mostrou-se ambicioso, foi se revelando calculista, grande negociante e sobretudo um homem de visão. Na nova escola, conheceu aquele que viria a se tornar seu sócio, Paul Allen, um cara também apaixonado por computadores. A parceria com Paul Allen foi iniciada em 1970 e um dos primeiros trabalhos da dupla foi o "Traf-o-Data", um programa de computador criado para monitorar o trânsito de Seattle.

Aqui vamos abrir um parêntese: o que temos até agora? Um jovem com características fundamentais para quem quer subir na vida e ficar rico. Bill Gates era estudioso, determinado e sobretudo ambicioso. Aos 15 anos já tinha um sócio e juntos já exerciam uma atividade profissional que lhes permitiu começar a fazer dinheiro muito cedo. Fecha parêntese.

Em 1973, Gates foi aceito na Universidade de Harvard, onde estudou apenas dois anos. Harvard não era para ele. Algum tempo após abandonar a universidade, ele e Paul Allen mudaram-se para o Novo México, onde fundaram a Microsoft. Foi só uma questão de tempo até começarem a chamar a atenção da IBM. No princípio, a empresa mostrou-se incomodada com o trabalho da dupla. Mas, pouco depois, a IBM fez um acordo com a Microsoft para utilizar o primeiro grande produto da empresa, o MS-DOS, como o único programa operacional dos seus computadores pessoais. Resultado: Bill Gates e Paul Allen se tornaram muito ricos e expandiram a Microsoft de um modo impensável alguns anos antes.

Os eventos subsequentes são bastante conhecidos: a Microsoft ganhou presença e relevância no mundo da tecnologia e tornou-se uma empresa gigantesca em nível global. E seus sócios se tornaram bilionários. Porém, ao adotar uma política agressiva para ampliar seu controle sobre o mundo digital, a Microsoft teve que encarar uma série de processos, que acabaram por manchar sua imagem. Revelações sobre o estilo de gestão de Bill Gates também não ajudaram. O nerd adolescente se transformara em um executivo chato e autoritário. Mas, à medida que seus cabelos foram se tornando mais brancos, Bill Gates começou a trabalhar para mudar a imagem de predador que a Microsoft ostentava, dando palestras e se envolvendo em atividades filantrópicas. Certa feita, foi convidado para dar uma palestra em uma escola secundária. Chegou em seu helicóptero e tirou um papel do bolso onde havia escrito onze frases. Leu tudo em menos de 5 minutos, foi aplaudido por mais de 10 minutos sem parar, agradeceu e foi embora. O que estava escrito roda o mundo pela internet. Confira:

- A vida não é fácil — acostume-se com isso.
- O mundo não está preocupado com a sua autoestima. O mundo espera que você faça alguma coisa útil por ele ANTES de sentir-se bem com você mesmo.
- Você não ganhará US$ 20 mil por mês assim que sair da escola. E não será diretor de empresa com carro e telefone antes que tenha conseguido comprar o próprio carro com seu dinheiro.
- Se você acha seu professor rude, espere até ter um chefe. Ele não terá pena de você.
- Vender jornal velho ou trabalhar durante as férias não está abaixo da sua posição social. Seus avós têm uma palavra diferente para isso: eles chamam de oportunidade.
- Se você fracassar, não é culpa de seus pais. Então não lamente seus erros, aprenda com eles.
- Antes de você nascer, seus pais não eram tão críticos como são agora. Eles só ficaram assim por terem que pagar suas contas, lavar suas roupas e ouvir você dizer que eles são "ridículos". Então, antes de salvar o planeta e antes de consertar os erros da geração dos seus pais, tente manter o seu quarto limpo.

- Sua escola pode ter eliminado a distinção entre vencedores e perdedores, mas a vida não é assim. Em algumas escolas, se não passar de ano, você pode ter uma outra chance. Isso não se parece com absolutamente NADA na vida real. Se pisar na bola, será despedido. Portanto, faça certo da primeira vez!
- A vida não é dividida em semestres. Você não terá sempre os verões livres e é pouco provável que outros empregados ajudem você a cumprir suas tarefas no fim de cada período.
- Televisão NÃO é vida real. Na vida real, as pessoas têm que deixar o barzinho ou a boate e ir trabalhar.
- Seja legal com os nerds. Existe uma grande probabilidade de você vir a trabalhar PARA um deles.

Bill Gates hoje é muito requisitado para palestras, sobretudo quando as atividades para as quais é convidado têm um caráter filantrópico. A Fundação Bill & Melinda Gates é, seguramente, o maior projeto de filantropia em todo o mundo. Como em tudo o que o perfeccionista Gates põe a mão, transformou-se em modelo e exemplo para outras fundações criadas por outros bilionários.

Para se ter uma ideia da seriedade com que a Fundação Bill & Melinda Gates é administrada, basta dizer que ela foi escolhida como destino de mais de 30 bilhões de dólares da fortuna de Warren Buffett, o terceiro homem mais rico do mundo. Warren Buffett, que se tornou amigo de Gates, em vez de constituir a própria fundação, preferiu que o trabalho de filantropia seja feito pela Fundação Bill & Melinda Gates, que será responsável por conduzir seu projeto de filantropia agora e depois de sua morte.

34 AMANCIO ORTEGA

Amancio Ortega é o empresário espanhol que chegou a ocupar a posição de homem mais rico do mundo em 23/10/2015, à frente de Bill Gates. Naquele dia, sua fortuna ultrapassou 80 bilhões de dólares por conta de uma significativa valorização das ações da Inditex, da qual é fundador e principal acionista controlador. Na data em que este livro foi escrito (novembro de 2015), ele continuava sendo o número 2 do mundo, segundo a Forbes.

A Inditex (Industria de Diseño Textil) é um gigante da moda, um império textil espanhol que começou em 1963 com uma simples confecção de vestuário feminino fundada por Ortega em sociedade com sua esposa Rosalía Mera. A pequena confecção deu origem à Zara, cuja primeira loja foi inaugurada em 1975 no centro da cidade de La Coruña, na Espanha.

Na esteira do sucesso da Zara, Ortega iniciou a expansão de seu negócio, abrindo estabelecimentos em toda a Espanha. Em 1988, com sua loja na cidade do Porto, em Portugal, deu início ao seu primeiro movimento na direção de novos mercados, inaugurando lojas na Europa, América, Ásia, Oriente Médio e Norte da África.

Com o aumento do volume de negócios, em 1985 Ortega lançou as bases da Inditex, que teve como embrião a própria Zara.

A Inditex teve forte expansão internacional no final da década de 80, com o lançamento sucessivo de novos conceitos de varejo nos 5 continentes. Surgiram as marcas Pull & Bear, Massimo Dutti, Bershka, Stradivarius, Oysho, Zara Home e Uterqüe.

Hoje, mais de 50 anos depois que Amancio Ortega e sua mulher começaram com sua pequena confecção, esse grupo espanhol opera mais de 6.700 lojas em todo o mundo.

Líder mundial no segmento de moda conhecido como fast-fashion, a Inditex tem uma extraordinária capacidade para criar, fabricar, entregar e vender uma coleção de roupas em poucas semanas.

Com essa integração vertical, a empresa consegue reagir instantaneamente às mudanças nas demandas dos consumidores e manter as vitrines de suas lojas abastecidas com roupas e acessórios alinhados às últimas tendências da moda.

A Inditex estreou no mercado de ações no dia 23 de maio de 2001. Desde então, suas ações registraram valorização sem precedentes, o que explica a rápida ascenção de seu controlador Amancio Ortega no ranking dos maiores bilionários do mundo.

Mesmo em meio a toda a crise financeira que se abateu sobre a Espanha em passado recente, Ortega ganhou nada menos do que 45 bilhões de dólares entre 2009 e 2014 com a valorização das ações da Inditex, que desafiaram e continuam na contramão do fraco desempenho do mercado de ações espanhol.

Na última década, Amancio Ortega recebeu bilhões em dividendos da Inditex, que reinvestiu no mercado imobiliário de cidades como Madri, Barcelona, Londres, Chicago, Miami e Nova York. Nada mal para um humilde filho de um ferroviário e de uma dona de casa.

Amancio Ortega nasceu na Espanha, em 28 de março de 1936. Discreto e avesso a fotos, apenas em maio de 2001, quando as ações da Inditex começaram a ser negociadas em bolsa, concordou em ser fotografado (sem gravata) e assim o mundo conheceu o rosto do "senhor Zara".

Ortega é mais um exemplo de *self-made man*, que começou sua fortuna a partir do zero e chegou a uma extraordinária posição no ranking dos maiores bilionários.

Ortega gosta de automóveis e é sempre visto dirigindo seu Audi A8. Seus passatempos conhecidos incluem passeios a cavalo e pintura. Mantém uma vida discreta e continua almoçando regularmente com seus funcionários no refeitório da sede da Inditex na cidade de Artxeixo, nos arredores de La Coruña.

Informações sobre sua vida pessoal são difíceis de conseguir, pois o bilionário não dá entrevistas. Sabe-se que em 1986 ele se separou de sua primeira mulher, Rosalía Mera. Com origens tão humildes quanto as do seu ex-marido – que conheceu aos 13 anos quando trabalharam juntos na loja La Maja, onde Ortega aprendeu tudo sobre confecção - Rosalía Mera manteve-se como mulher mais rica da Espanha até seu falecimento em 15 de agosto de 2013.

Amancio e Rosalía tiveram 2 filhos, Sandra e Marcos. Após o nascimento de Marcos, que veio ao mundo com uma deficiência mental, Rosalía afastou-se para cuidar do filho e estudar Psicologia. Em 1986, criou a Fundação Paideia e instituiu o prêmio Marcos Ortega Mera, que reconhece aqueles que se destacam no trabalho de integração dos deficientes à sociedade.

Sandra, a primogênita que lhe deu um neto, apesar de também marcar presença nas empresas, optou por seguir os passos da mãe na Fundação Paideia, dedicada à educação e aos problemas das pessoas incapacitadas.

Marta, a terceira filha e provável herdeira do império, é fruto de um caso extraconjugal de Amancio Ortega com Flora Pérez, na época encarregada de uma das lojas da Zara. Marta nasceu em 1983, mas só em 2001 - quando já tinha 18 anos - é que seus pais se casaram. Flora representa a Gartler, que tem 59,29% do capital da Inditex, no seu conselho de administração.

Todos os membros da família Ortega têm a oportunidade de trabalhar no grupo Inditex. Mas o centro de tudo continua sendo Amancio Ortega, que costuma ser o primeiro a chegar à sede da empresa e o último a sair.

Amancio e família vivem no complexo residencial de Zalaeta, próximo a La Coruña, apelidado pelos locais de "Zaraeta", tal é o número de altos executivos da Zara que lá residem.

35 Warren Buffett

Warren Buffett, um dos maiores bilionários americanos, é o terceiro homem mais rico do mundo no ranking da Forbes de 2015, detentor de uma fortuna superior a US$ 63 bilhões (novembro/2015). No ano anterior, ocupava a segunda posição, mas foi recentemente superado no ranking de 2015 pelo espanhol Amancio Ortega, o "Senhor Zara".

O megainvestidor Warren Buffett, a quem peço licença para chamar de Warren daqui para a frente (ele é americano e os americanos são informais), nasceu em agosto de 1930, em Omaha, cidade de pouco mais de 400 mil habitantes, situada no estado de Nebraska, nos Estados Unidos.

Warren é o tipo de pessoa que não permitiu que a riqueza mudasse radicalmente seus hábitos de vida. Continua um homem de hábitos simples, que pode ser visto percorrendo diariamente o mesmo trajeto entre sua casa e a sede de sua companhia, a Berkshire Hathaway. Ambas estão localizadas na mesma rua, a Farnam Street. Conhecido como o "Oráculo de Omaha", Warren é um dos homens mais respeitados do mundo no campo dos investimentos, e sua trajetória profissional é absolutamente fantástica.

Warren não nasceu em berço de ouro. Muito pelo contrário, nasceu em uma família de posses limitadas, cujo lema era "gaste menos do que ganha e não contraia dívidas". Ele se qualifica como um homem de sorte, que teve pais inteligentes e que bancaram seus estudos em boas escolas. O dinheiro era curto na família e, talvez por isso, Warren nunca pôde contar com uma mesada, nem dos pais nem dos avós. Isso o obrigou a fazer pequenos bicos desde pequeno e foi assim que ele pegou gosto pelo trabalho e pelo dinheiro.

Engana-se quem acha que essa é apenas mais uma história de um nerd que venceu na vida. Na escola, era um péssimo aluno e gostava de aprontar. Nos dias de hoje, nos quais o politicamente correto está na moda, seria considerado um verdadeiro "delinquente".

Seu primeiro emprego foi no armazém do avô, um trabalho braçal que ele detestou. Warren, que era um garoto franzino, era obrigado a carregar pesadas sacas de alimentos e cedo descobriu que aquilo não era vida. Assim, começou a entregar jornais de bicicleta em Spring Valley e se destacou nessa atividade. Desenvolveu uma técnica para dobrá-los que conferia grande "produtividade" à atividade de jogá-los em direção às portas de entrada das casas dos clientes. Com isso, conseguia entregar muito mais jornais do que qualquer outra pessoa.

Assim, aos 15 anos, já poupara mais de 2 mil dólares. Isso era muito dinheiro, tanto que possibilitou a Warren comprar uma fazenda de 16 hectares em Nebrasca, por US$ 1.200. Logo arrendou a propriedade e com isso conseguiu sua primeira fonte de renda.

Essas e outras histórias que você vai ler mais à frente são contadas por sua biógrafa oficial, a jornalista americana Alice Schroeder, no livro *A bola de neve, Warren Buffett e o negócio da vida*, leitura obrigatória para quem quiser se encantar com a história de Warren. Foram cinco anos de trabalho, que deu origem a um livro de exatas 958 páginas.

A jornalista descreve Warren como um garoto tímido e desajeitado, que pensava como um homem de negócios, mas se vestia mal e estava sempre com os mesmos tênis surrados. Segundo ela, Warren se sentia inadequado, excluído e incapaz de fazer amigos. Mas algo mudou quando caiu em suas mãos o livro de Dale Carnegie *Como fazer amigos e influenciar pessoas*. A primeira frase do livro chamou muito sua atenção: "Se você quer colher mel, não chute a colmeia".

Como ele mesmo se julgava "um pé no saco", os ensinamentos de Carnegie falaram fundo em sua mente, em especial a "Regra número 1: não critique ou reclame".

O livro de Carnegie continha 30 regras, que Warren passou a seguir. Seis delas, em particular, ajudaram a tornar o coração de Warren mais leve e fizeram a diferença para ele ao longo de sua vida. São elas:

- "Todo mundo quer atenção e admiração. Ninguém quer ser criticado."
- "O som mais agradável que existe é o som do nosso próprio nome."
- "A única maneira de tirar o melhor de uma discussão é evitá-la."
- "Se você estiver errado, admita-o rapidamente e de forma enfática."
- "Faça perguntas em vez de dar ordens diretas."
- "Chame a atenção para os erros do próximo de maneira indireta. Deixe-o salvar a sua honra."

Warren considerou que havia descoberto um "sistema" para se vender às pessoas e o testou. Satisfeito, passou a "viver" e a praticar as regras de Carnegie e com isso, ainda segundo sua biógrafa, aprimorou sua espirituosidade natural, sua capacidade de persuasão e seu talento como vendedor.

Em 1946, aos 16 anos, a atividade de entrega de jornais lhe rendia 175 dólares por mês, um valor maior do que os salários dos professores de sua escola.

Ainda na adolescência, as fontes de renda de Warren se multiplicavam. Ele atirava para todos os lados: vendia calendários e assinaturas de revistas aos clientes, lucrava com a instalação de máquinas de fliperama em barbearias da cidade de Omaha e vendia bolas de golfe seminovas que ele e seus amigos recuperavam dos lagos ao lado dos campos de golfe. Ele também trabalhou como vendedor na loja de departamentos JC Penney. Assim, ao terminar o ensino médio, Warren já acumulava 5 mil dólares, uma pequena fortuna na época.

Depois de ser recusado na Universidade de Harvard, Warren decidiu se candidatar a uma vaga na Universidade de Colúmbia, pois era nessa universidade que lecionava o famoso professor e analista de mercado Benjamin Graham, autor do livro *O investidor inteligente*, um profissional que exercia um grande fascínio em Warren por subverter as convenções sobre o investimento em ações vigentes à época.

Benjamin Graham, falecido em 1976 aos 82 anos, era uma lenda no mercado financeiro americano. É considerado o precursor da estratégia "buy and hold", que consiste em comprar ações de empresas sólidas e com ótimas perspectivas de geração de caixa para mantê-las no portfólio de investimentos por um longo período de tempo. Exatamente o tipo de estratégia adotada posteriormente por Warren.

Ben Graham, além de professor, mais tarde se tornaria um misto de mentor e guru de Warren. Ambos viriam a trabalhar juntos por um tempo, até Warren abrir a sua própria companhia de investimentos.

Warren tornou-se milionário aos 32 anos, a mesma idade com que descobriu a Berkshire Hathaway, uma fábrica têxtil cujo controle assumiu três anos depois, em 1965. À frente dela, Warren demonstrou uma grande habilidade para comprar ações, colocando em prática uma estratégia aprendida com Graham, que consistia em comprar participações relevantes de empresas que possuíam valor intrínseco, mas que estavam depreciadas no mercado por conta de fatores exógenos ou conjunturais.

Foi essa estratégia que levou a Berkshire Hathaway a tornar-se uma grande companhia de investimentos. Warren tinha grande habilidade para tirar proveito das pechinchas que apareciam no mercado em períodos de instabilidade financeira e com isso havia cada vez mais gente interessada em colocar dinheiro nas suas mãos, para ele administrar. Com isso, a Berkshire Hathaway ficou conhecida como uma companhia que multiplicava o dinheiro das pessoas. E, como o dinheiro não parava de entrar, a empresa disponha de uma altíssima liquidez e um formidável poder de investimento. Com o tempo, tornou-se sócia de alguns dos principais ícones da indústria americana, como a Coca-Cola e a Gillette.

Além de Ben Graham, Warren também contou com a ajuda e aprendeu muito com Charlie Munger, a quem se refere como "meu sócio". Munger é o vice-chairman da Berkshire Hathaway e tem muito a ensinar aos investidores. Ele e Warren sempre defenderam estratégias de investimento muito semelhantes. Ambos têm paixão pela riqueza, adoram ganhar dinheiro.

Assim como Warren, Munger também é autor de frases impiedosas. "O conhecimento verdadeiro é reconhecer que você não sabe de nada" é uma delas. "Adquirir sabedoria é um dever moral. Não é algo que se faz só para prosperar financeiramente" é outra.

Crítico feroz da diversificação de investimentos como estratégia de gestão, eis o que Munger disse com relação à concentração dos investimentos em poucas ações: "Existe uma grande vantagem para um indivíduo fazer um grande investimento e sentar em cima. Paga menos corretagem e escuta menos conselhos sem sentido".

Warren concorda com ele. Sobre o mesmo assunto, disse: "A diversificação é uma proteção contra a ignorância. Ela faz pouquíssimo sentido para quem sabe o que está fazendo".

Munger, tal como Warren, encara com ceticismo as projeções de resultados feitas pelos analistas de Wall Street: "Projeções na América são sempre mentiras, embora não intencionais. Mas são as do pior tipo, porque quem as faz acredita nelas".

Na minha opinião, a melhor frase de Munger é a que abre este livro: "As pessoas de sucesso não são as mais espertas, mas sim as que são máquinas de aprender. Elas vão para a cama sempre um pouco mais sábias do que quando se levantaram. Faça isso, principalmente se você tiver um longo caminho pela frente".

Volto a Warren Buffett. Há muito a dizer sobre ele, mas é impossível falar mais da sua vida pessoal e fornecer detalhes mais específicos de sua trajetória empresarial no espaço que temos. Como dissemos, sua biógrafa oficial, Alice Schroeder, já fez esse trabalho. *A bola de neve, Warren Buffett e o negócio da vida* é uma boa sugestão de livro de cabeceira para você "degustar" ao longo do ano.

A VIDA MODESTA DE WARREN (E SUAS ESQUISITICES)

Sabe aquela história de que por trás de um grande homem sempre existe uma grande mulher? Isso nunca foi tão verdadeiro quanto no caso de Warren Buffett. Ele foi casado com Susie Thompson Buffett e com ela teve três filhos: Peter, Susan e Howard. Susie era uma mulher extraordinária e o seu apoio incondicional a Warren sem dúvida foi decisivo e fez muita diferença para ele.

Todo mundo que acompanhou de perto a vida do bilionário concorda que ele sempre levou uma vida modesta para seu padrão de riqueza. Mas a leitura atenta de sua biografia mostra um indivíduo com extrema dificuldade para gastar dinheiro e usufruir a riqueza. Alice Schroeder anotou que "a resistência de Warren de se desfazer mesmo das quantias mais irrisórias era tão clara que era como se ele fosse possuído pelo dinheiro e não o contrário". Assim, à fama de grande gestor de investimentos também ficou colada em Warren a pecha de pão-duro e excêntrico.

Exemplos de esquisitices que Susie, sua mulher, teve que aturar? Por economia, Warren exigia que suas camisas fossem lavadas em casa. Susie as lavava, mas só passava os punhos, o bolso da frente e o colarinho. Resultado: as camisas de Warren estavam sempre amarrotadas. Só depois de passar vergonha em algumas reuniões de negócios foi convencido a mandar suas camisas para a lavanderia, regularmente. Em uma outra decisão de pão-durismo explícito, Warren fez um acordo com o jornaleiro da esquina para comprar as revistas da semana anterior com desconto, quando estivessem prestes a serem jogadas no lixo.

Warren gostava de dirigir o próprio carro e certa vez, quando perguntado por que não trocava seu automóvel de 8 anos de uso, respondeu algo assim: "Não sei se estou disposto a investir 300 mil dólares em um carro novo". Warren era assim: fazia as contas de quanto o dinheiro renderia aplicado a juros compostos no longo prazo. Consta que fez o mesmo quando comprou sua primeira casa, na Farnam Street, em Omaha, um investimento de 31.500 dólares em 1958. Segundo sua biógrafa, batizou a casa de "Insensatez de Buffett", pois, na cabeça dele, esses 31.500 dólares seriam 1 milhão em 12 anos se aplicados a juros compostos. Então, para ele, era como se estivesse morando em uma casa de 1 milhão de dólares.

Todos os anos, desde 1987, Warren reúne seus acionistas e muitos de seus seguidores em Omaha, em um evento que se tornou tradição na cidade. A importância dessa reunião cresce a cada ano. Em 1987, cerca de 500 pessoas foram em busca de seus conselhos. Uma década depois, mais de 15 mil pessoas brigavam para conseguir um lugar na plateia, aproveitando a visita a Omaha para conhecer o restaurante onde ele, até hoje, costuma almoçar, o Gorat's. E, como Warren, todos vão ao Gorat's comer bife com batata frita, sempre em companhia de uma bela Coca-Cola gelada.

Warren apelidou o evento de "Woodstock Capitalista". Lá, seus admiradores conseguem muito mais do que uma sessão de fotos para mostrar que estiveram com o Oráculo de Omaha. Essa é uma reunião em que eles ouvem conselhos sobre administração financeira e estratégias de negócios e investimentos.

Warren faz questão de falar sobre as lições que aprendeu ao longo de sua vida. Ele reconhece o tamanho da sua ambição por dinheiro, mas fala com entusiasmo da paixão que o levou a estudar a fundo milhares de ações, devorando jornais antigos e relatórios da Moody's em busca de informações que poderiam ter passado despercebidas pelo mercado. Visitou companhias, falou diretamente com seus donos e formou seu próprio juízo de valor sobre as ações que analisava. Aprendeu a extrair o que estava por trás das notícias e estatísticas econômicas e acompanhou a política em nível mundial para entender como isso tudo afeta os negócios. Desde a adolescência, leu tudo o que lhe caiu nas mãos a respeito das pessoas que admirava, sempre em busca de pistas ou lições que pudesse aplicar em sua própria trajetória de vida pessoal e empresarial.

Neste espaço, seria tarefa impossível explicar em detalhes as estratégias de Warren Buffett para investir com sucesso no mercado de ações. Mas, mesmo correndo o risco de simplificar demais, vale a pena conhecer alguns fundamentos do jeito Warren Buffett de investir em bolsa.

O principal deles é a simplicidade. Segundo Warren, se você quiser ter sucesso na bolsa, prefira empresas com modelos de negócio previsíveis e sustentáveis no longo prazo. Informe-se sobre a qualidade e a ética dos administradores e procure comprar as ações quando elas estiverem baratas em relação ao seu potencial de ganho futuro. "Case-se" com essas ações. Com essa filosofia, Warren transformou um investimento de US$ 10,6 milhões em ações do jornal The Washington Post em uma holding que atualmente vale mais de US$ 1 bilhão. Com essa mesma postura, comprou US$ 1 bilhão em ações da Coca-Cola que chegaram a valer mais de US$ 8 bilhões e viu seu investimento de US$ 45 milhões na Geico Insurance atingir o valor de mais de US$ 1 bilhão.

INVISTA EM VALOR

A técnica "Value Investing", ou seja, o chamado investimento em valor, foi criada por Ben Graham, guru de Warren, e é praticada por ele há décadas.

O investimento em valor consiste em tirar proveito da discrepância entre o preço em bolsa e o valor justo de uma ação. Então, fique atento e vá atrás das chamadas barganhas da bolsa, ações de boas companhias que, por questões externas ou conjunturais, estão sendo negociadas abaixo do seu valor justo.

Faça como Warren: seja uma máquina de aprender. Assim, você poderá tomar suas próprias decisões de investimento com base nos seus juízos de valor – e não apenas com base em recomendações de terceiros, que muitas vezes podem estar contaminadas com o viés do conflito de interesse. Aprenda, pelo menos, o básico do básico sobre as formas de negociação e tributação vigente no mercado de ações.

Ao adotar a estratégia "buy and hold" (comprar e segurar), você se livra de dois fatores que "comem" o rendimento de uma ação ao longo do tempo: o imposto de renda e as taxas de corretagem aplicáveis às compras e vendas de ações. Não fique tentado a acertar o melhor *timing* para comprar ou vender uma ação. Acredite: vai ser muito difícil "ganhar" do mercado. Compre ações de boas empresas e fique com elas. Vá comprando aos poucos. Se as cotações caírem, você aproveita e compra mais. Cuidado com as dicas "quentes" de ações. Elas podem vir de pessoas que podem ter interesse próprio na valorização da ação. Dê mais importância para as informações e as análises feitas por empresas de consultoria que divulgam seus relatórios ao mesmo tempo para todos os seus clientes.

Voltando a Warren: deixando o dinheiro partir

Para alguém que não deixava que ninguém chegasse perto do armário onde guardava suas moedas quando menino, não deve ter sido fácil para Warren entregar dezenas de bilhões para outras pessoas administrarem. Pois foi exatamente isso que ele fez quando anunciou, em 26 de junho de 2006, que doaria, nos anos seguintes, 85% de suas ações da Berkshire Hathaway para um grupo de fundações. Na época, isso representava a bagatela de 37 bilhões de dólares e a maior parte iria para a Fundação Bill & Melinda Gates, a maior instituição de caridade do mundo. As demais ações também tinham destino certo: a Susan Thompson Buffett Foundation (fundada por Susie, a primeira esposa de Warren, falecida em 2004) ficaria com 3 bilhões, e as três fundações tocadas pelos filhos de Warren ficariam com 1 bilhão de dólares cada uma. Com isso, Warren escreveu seu nome na história, ao fazer a maior doação filantrópica de todos os tempos. No discurso em que Warren fez o anúncio da doação, lembrou aos presentes que, durante toda sua vida, viu muita gente entregando suas economias para pessoas que tinham talento para fazer a gestão de seus recursos. Mas conheceu poucas que planejaram com antecedência como ficaria a gestão da riqueza depois que partissem. Dito isso, Warren concluiu afirmando que se julgava um homem de sorte por entregar a administração do seu dinheiro para a Fundação Bill & Melinda Gates – e ter certeza de que seu dinheiro seria útil para reduzir as desigualdades e melhorar as condições de vida em todo o mundo nas áreas da saúde e da educação.

Warren tem uma legião de fãs, mas é especialmente idolatrado pelos analistas do mercado, que repetem suas opiniões como verdades absolutas e costumam repercutir suas frases de efeito. Confira as mais conhecidas:

- "Regra nº 1: nunca perca dinheiro. Regra nº 2: sempre se lembre a regra nº 1."
- "Não acho justo alguém nascer dono de milhões de dólares apenas pelo fato de ter saído da barriga certa."
- "Comecei minha pequena bola de neve muito cedo. Se tivesse iniciado 10 anos depois, estaria em uma situação muito diferente, em outro lugar da colina onde me encontro agora. Portanto, recomendo aos estudantes que comecem o jogo um pouco antes – não muito antes, mas é melhor começar antes dos outros. E os cartões de crédito, lembrem-se, realmente atrasam a partida."
- "Encontre alguma coisa pela qual seja apaixonado e só trabalhe com pessoas de quem goste."
- "Invista em um negócio que até um idiota saiba tocar, porque algum dia um idiota vai tocá-lo."
- "Wall Street é o único lugar para onde se vai de Rolls-Royce pedir conselhos a pessoas que andam de metrô."
- "Ao investir no mercado de ações, seja ganancioso quando os outros estiverem amedrontados e amedrontado quando os outros estiverem gananciosos – mas não pense que pode ser mais esperto do que o mercado."
- "O Brasil estava fora do meu radar. Mas o mundo muda e o Brasil mudou."

Essa última frase certamente foi dita após a sua associação com a 3G Capital Management para a compra da Heinz. Só para lembrar, a 3G Capital Management é controlada pelo brasileiro Jorge Paulo Lemann e seus sócios Marcel Telles e Beto Sicupira. Lemann tem lugar reservado mais à frente.

36 CARLOS SLIM

Carlos Slim nasceu no México, no dia 28 de janeiro de 1940. Atualmente é o quarto homem mais rico do mundo: em novembro de 2015, segundo a revista Fobes, seu patrimônio alcançava US$ 62,4 bilhões. Mas, a julgar pelo desempenho das ações de suas empresas em novembro de 2015, poderá em breve perder uma ou mais posições no ranking dos bilionários da Forbes. Monopolista das comunicações no México, Slim é dono de uma gigantesca rede de empresas que inclui a operadora de telefonia Claro. Sua residência oficial continua sendo na Cidade do México, mas há anos ele vive pelo mundo, acompanhando seus negócios.

Formado em engenharia civil pela Universidad Nacional Autónoma de México, Carlos Slim é um autêntico magnata dos negócios. Ele é o controlador, chairman e CEO do Grupo Carso, conglomerado de empresas que atuam em praticamente todos os setores da economia mexicana, como energia, telecomunicações, educação, medicina e saúde, indústria e comércio, varejo, alimentos e bebidas, imóveis, empresas aéreas, mídia, entretenimento, tecnologia, esportes e serviços financeiros. Entre as empresas mais conhecidas do grupo, destaque para a Telmex (maior empresa de telefonia móvel da América Latina), América Móvil e Samsung Mexico.

Slim é filho de libaneses que se estabeleceram no México no início do século passado. Quando nasceu, seu pai já havia feito fortuna, um patrimônio diversificado em empresas comerciais, imóveis e ações. Ao contrário de muitos outros bilionários que construíram sua fortuna a partir do zero, Carlos Slim é um bilionário nascido em berço de ouro que soube como poucos fazer sua riqueza crescer de modo exponencial.

Conta-se que seu primeiro investimento foi feito aos 11 anos, quando comprou títulos do governo mexicano de alta rentabilidade. Fascinado por números e pela matemática, ele logo descobriu o poder dos juros compostos. Na faculdade, foi aluno e professor, ensinando álgebra aos colegas. Ao se formar em 1961, começou a trabalhar como corretor da bolsa de valores do México, onde investiu seu dinheiro com raro sucesso. Cinco anos depois, já detinha capital para abrir a própria empresa de investimentos, a Inversora Bursátil. Em 1966, pavimentou o terreno para o que viria a se tornar o Grupo Carso, que no início era formado por uma holding imobiliária, uma construtora e uma engarrafadora de refrigerantes. A partir daí, Slim não parou mais, conseguindo tirar proveito das oportunidades que surgiam a cada crise que o México passava e expandindo seus negócios para todo o continente americano. Tornou-se um player conhecido na esfera empresarial dos Estados Unidos a partir de 2003, ao adquirir participações relevantes em empresas ícones do varejo, como a Barnes & Noble, OfficeMax, Office Depot, Circuit City, Borders e CompUSA. De lá para cá, a sua sede de aquisição de participações relevantes ou de compra do controle de empresas de todos os setores só fez aumentar. A partir da Telmex, Slim criou a América Móvil (operadora de telefonia celular que tem cinco milhões de clientes no México) e passou a comandar companhias de telecomunicações no Brasil (Slim, como já dissemos, é o dono da Claro), na Guatemala, em Porto Rico, no Peru, no Equador, em El Salvador, na Nicarágua, na Argentina, no Chile e na Colômbia. Seus investimentos nos Estados Unidos incluem participações na Philip Morris (hoje Altria Group), na Saks e na MCI, a segunda maior operadora de telefonia de longa distância americana. Justificando seu apelido de Midas, comprou cerca de 3% da Apple em 1997, em uma época particularmente difícil para a companhia, quando suas ações estavam sendo negociadas por apenas US$ 17. Um ano depois do lançamento do iMac, o valor dessas ações saltou para US$ 100.

Para fornecer um quadro completo de todas as empresas que Slim controla ou detém participação relevante, precisaríamos de um livro só para ele – que certamente sofreria atualizações constantes antes mesmo de ir para a gráfica. O homem não sossega...

Considerando que as empresas de Slim são responsáveis por cerca de 50% do PIB mexicano, pode-se imaginar quantas pessoas e famílias devem seu emprego e bem-estar a ele. Mas não é todo mundo que gosta dele. Na verdade, Slim tem uma legião de críticos, que argumentam que o crescimento exponencial de sua fortuna aconteceu em um país em desenvolvimento, onde a renda per capita anual não chega a US$ 14.500 e onde cerca de 17% das pessoas vivem na pobreza. Os críticos também destacam o jeito Slim de fazer negócios. Implacável. Seguindo os conselhos de seu pai, ele mantém altas somas de dinheiro em investimentos líquidos, que lhe dão uma enorme vantagem competitiva para comprar empresas ou imóveis em tempos de crise.

Algumas curiosidades sobre Carlos Slim:

- Slim foi casado com Soumaya Domit, de 1967 até sua morte em 1999. Soumaya lhe deu 6 filhos: Carlos, Marco Antonio, Patrick, Soumaya, Vanessa e Johanna. Depois de levar um susto em 1999, um infarto que o obrigou a fazer uma cirurgia do coração, Slim tirou o pé do acelerador e passou o bastão para seus 3 filhos mais velhos, que hoje ocupam posições-chave em seus negócios.
- Slim é o maior colecionador privado de esculturas de Rodin (só o Museu Rodin, na França, tem mais peças do que ele). Para que o público pudesse ter acesso à coleção, construiu o Museu Soumaya (em homenagem à falecida esposa), na Cidade do México.
- Slim mantém uma fundação dedicada a restaurar prédios coloniais degradados no centro histórico da cidade onde passou sua infância.
- O Grupo Carso investe em educação, saúde e cultura. Mantém programas de nutrição para crianças pobres e cobre despesas cirúrgicas de pessoas desfavorecidas que vivem em zonas rurais do México. Além disso, paga fiança de presos de baixa periculosidade para evitar que fiquem mofando na cadeia enquanto aguardam julgamento.
- O escritório de Slim não conta com computador, laptop ou sistema de informações que lhe deem acesso on-line à movimentação do mercado financeiro. Sempre que precisa de informação, ele liga para seus auxiliares.
- Seu biógrafo oficial, José Martínez, diz que Slim vive com um salário de 300 mil pesos (US$ 24 mil) por mês para despesas pessoais.

Termos e adjetivos que podem ser associados ao nome Slim: ambição, gosto pelo trabalho, ousadia, determinação, visão de negócios. Slim foi bastante influenciado pelas ideias de Alvin Toffler, escritor e futurista americano que se notabilizou por seus trabalhos sobre a revolução digital, revolução nas comunicações e proliferação de novas tecnologias. Deu certo para ele e por isso pode ser uma boa ideia levar mais a sério o trabalho que alguns gurus do nosso tempo estão desenvolvendo agora.

37 Mark Zuckerberg

Você certamente já ouviu de Mark Zuckerberg. Ele é o idealizador e maior acionista do Facebook, um cara que pertence ao seleto grupo de pessoas que ficaram bilionárias antes dos 30 anos de idade. Nascido em 14 de maio de 1984, Zuckerberg tinha apenas 31 anos na data em que escrevi este texto (outubro de 2015). Considerando o valor atual de sua fortuna, ele é um dos poucos bilionários do mundo que têm mais bilhões do que sua idade: US$ 45 bilhões em novembro de 2015, que o coloca na 7ª posição no ranking da revista Forbes.

Zuckerberg nasceu em White Plains, Nova York, em uma família típica da classe média americana. Seu pai, Edward Zuckerberg, era dentista e sua mãe, Karen, trabalhou como psiquiatra até o nascimento de Mark e seus irmãos Randi, Donna e Arielle. Assim como Bill Gates, Zuckerberg era um apaixonado por computação. Ele se tornou programador de computadores aos 12 anos, ainda mais cedo que Gates. Curiosamente, o interesse de Zuckerberg por computadores começou quando ele ganhou dos pais o livro "C++ for Dummies", um guia básico que o conduziu ao mundo da programação de computadores. Sua primeira criação foi o "Zucknet", um programa de mensagens que passou a ser usado em sua casa e no consultório do pai. Com ele, a recepcionista informava o dentista sobre a chegada de um novo paciente sem interromper a consulta ou abrir a porta do consultório. O Zucknet é considerado uma versão precursora do Instant Messenger da AOL, lançado no ano seguinte.

Zuckerberg fez o ensino médio na Phillips Exeter Academy, uma reputada instituição de ensino preparatório no estado de New Hampshire. Além de revelar-se um excelente aluno, mostrou talento também em uma modalidade esportiva em particular, esgrima, chegando a capitão do time da escola. Tudo isso sem deixar de lado a sua fascinação por programação.

Zuckerberg concluiu seus estudos na Exeter em 2002 e foi aceito em Harvard na sequência. Não demorou muito para que sua extraordinária capacidade de desenvolver softwares fosse reconhecida no campus da universidade. Antes de criar o Facebook, dois outros programas já haviam chamado a atenção de seus colegas. Um deles, o CourseMatch, ajudava os estudantes a escolher os cursos, baseado nas escolhas de outros usuários. O outro foi o Facemash, com o qual era possível comparar fotos de dois estudantes, permitindo aos usuários votar no mais atraente. O Facemash revelou-se popular, mas logo foi proibido pela reitoria por se revelar politicamente incorreto.

Chegamos então ao Facebook, criado por Zuckerberg e seus colegas de Harvard Eduardo Saverin, Dustin Moskovitz e Chris Hughes. Em 4 de fevereiro de 2004, Zuckerberg lançou thefacebook.com (rebatizado de Facebook em 2005), um espaço que permitia aos seus colegas de Harvard inserir e compartilhar fotos e informações pessoais.

Duas semanas depois, metade dos estudantes da faculdade já havia feito sua adesão à novidade. Posteriormente, seus companheiros disponibilizaram o site para outros campi dos EUA e algum tempo depois ele e seu grupo desistiram da universidade e mudaram-se para Palo Alto, na Califórnia, para se dedicar ao Facebook em tempo integral.

Em 2007, aos 23 anos, graças ao estrondoso sucesso do Facebook, Zuckerberg tornou-se o bilionário mais jovem da história. A sequência dessa história é conhecida: hoje o Facebook é a maior rede social do planeta, com um número de usuários que ultrapassa 1 bilhão de pessoas.

Mas nem tudo foi ouro sobre azul na trajetória de Zuckerberg. Antes de criar o que hoje é o Facebook, ele fazia parte de um grupo formado por outros colegas, entre os quais Divya Narendra e os gêmeos Cameron e Tyler Winklevoss. Eles haviam se juntado em torno de um projeto, o Harvard

Conection, com a ideia de reunir informações dos estudantes de Harvard em um único site de relacionamento e assim facilitar os encontros e namoros entre eles. Antes que fosse concluído, Mark Zuckerberg e o trio formado por Saverin, Moskovitz e Hughes pularam fora e resolveram trabalhar no próprio projeto, que mais tarde viria a ser o Facebook. O problema é que os criadores do Harvard Connection acusaram Zuckerberg de ter roubado suas ideias e iniciaram um longo processo de perdas e danos contra ele. Depois de um acordo inicial entre as partes – no qual Zuckerberg se comprometeu a pagar US$ 65 milhões –, a disputa judicial continuou por mais cinco anos, pois Divya Narendra e os gêmeos Winklevoss contestaram o baixo valor atribuído às ações do Facebook (em 2011, as partes chegaram a um acordo e puseram um ponto final na disputa).

Nesse meio-tempo, o Facebook bombou. Em 2005, a empresa recebeu um aporte de capital de US$12,7 milhões da Accel Partners, uma empresa de "venture capital". Naquela época, a rede era compartilhada apenas pelos estudantes da chamada Liga Ivy ("Ivy League"), formada por sete universidades: Brown University, Columbia University, Cornell University, Dartmouth College, Harvard University, University of Pennsylvania, Princeton University e Yale University. A injeção de capital permitiu que a rede passasse a oferecer o acesso a outras universidades, a escolas do ensino médio e a escolas internacionais, elevando as associações ao site para mais de 5,5 milhões de usuários ao final de 2005. Não demorou muito para o site atrair a atenção de empresas interessadas em anunciar e divulgar seus produtos na rede. Logo apareceram ofertas milionárias para a compra da totalidade das ações do Facebook, como as das redes Yahoo! e MTV, todas recusadas por Zuckerberg, que sabiamente permaneceu focado no desenvolvimento de outras funcionalidades.

Zuckerberg voltou às manchetes em maio de 2012. Primeiro, no dia 18 de maio, quando o Facebook levantou US$ 16 bilhões no maior IPO (Initial Public Offering - oferta inicial de ações) já realizado por uma empresa de internet na bolsa de valores. Segundo, porque, no dia seguinte ao IPO, ele se casou com Priscilla Chan, sua namorada de longa data. Conta-se que os 100 convidados da festa foram atraídos à sua casa em Palo Alto para comemorar a formatura de Priscilla em medicina. Em vez disso, assistiram ao casal fazendo juras e votos de amor eterno.

Após o sucesso do IPO, logo nos primeiros dias de negociação em bolsa os preços das ações do Facebook despencaram, assim que alguns bancos de investimento e analistas mais "pés no chão" começaram a contestar as projeções de resultado e as perspectivas futuras da companhia.

A história de Zuckerberg foi parar na telona em 2010, com o filme *The Social Network*, lançado no Brasil com o nome *A Rede Social*. O filme recebeu oito indicações para o Oscar, mas deixou Zuckerberg contrariado por conta de falhas da narrativa e darepercussão do filme. No fundo, o Zuckerberg da vida real não gostou nada da imagem passada pelo Zuckerberg da tela (no filme, ele foi representado pelo ator Jesse Eisenberg), um "vilão" que se apropriou das ideias de colegas e se livrou de muitos deles de forma nada lisonjeira.

Algumas curiosidades a respeito de Mark Zuckerberg. Você sabia que o cara é daltônico? Por conta disso, ele tem dificuldade para visualizar as cores verde e vermelha. É por isso que a cor do Facebook é azul, perfeita para ele.

Seu salário como CEO do Facebook é de US$ 1,00. Isso não o impediu de se tornar o maior doador americano com idade inferior a 30 anos. O seu envolvimento em filantropia começou em setembro de 2010, quando doou US$ 100 milhões para evitar a falência do sistema de escolas públicas de Newark, New Jersey. Nesse mesmo ano, em dezembro, ele tornou-se signatário e membro do "Given Pledge", uma campanha na qual os maiores bilionários do mundo se comprometem a doar suas fortunas para causas filantrópicas. No caso de Zuckerberg, ele se comprometeu a doar 50% de sua riqueza ao longo de sua vida para filantropia.

Outros membros do "Given Pledge" que você certamente conhece são Bill Gates, Warren Buffett e George Lucas, que ficou mundialmente famoso pela criação dos espetaculares efeitos especiais nos filmes de Steven Spielberg. Depois de sua doação, Zuckerberg fez um apelo para que outros jovens ricos empreendedores seguissem o seu exemplo. Segundo ele, ao doar em vida, o doador tem a oportunidade de conhecer os benefícios e os impactos de seus esforços filantrópicos na vida das pessoas. Em 2013, ele e sua mulher doaram 18 milhões de ações do Facebook para uma fundação no Vale do Silício (Califórnia), a Silicon Valley Community Foundation.

Mark Zuckerberg costuma dar um conselho para todos os seus amigos que têm irmãos ou filhos em idade escolar: "Incentivem esses caras a programar computadores".

38 Donald Trump

Donald John Trump é um bilionário americano, um autêntico magnata dos negócios. Nasceu em 14 de junho de 1946, em Nova York, e, embora não esteja mais entre os maiores bilionários dos Estados Unidos, sem dúvida é um dos mais conhecidos. De acordo com a Forbes, em novembro de 2015 a fortuna de Trump era superior a 4,5 bilhões de dólares e, naquele mês, ele ocupava a 368º posição no ranking. A grana é alta, mas a colocação no ranking não é lá essas coisas. Parece pouco, não é? Há mais de 360 pessoas mais ricas do que ele em todo o mundo. Será mesmo? Trump contesta a Forbes, diz que é mais rico. De qualquer modo, vamos ver o que Trump teve que batalhar para amealhar os seus quase 5 bilhões de dólares.

A maioria dos escritos sobre Donald Trump diz que ele foi uma criança assertiva e com muita energia, o que levou seus pais a matriculá-lo na Academia Militar de Nova York já aos 13 anos, com a esperança de que toda essa energia fosse direcionada de forma positiva. Deu certo, pois ele se deu muito bem nesse ambiente com regras mais rígidas: foi bem-aceito pelos colegas, tirou boas notas, tornou-se atleta e um líder estudantil. Em 1968, graduou-se em economia pela Wharton School of Finance, da Universidade da Pensilvânia. Ainda estudante, Trump costumava trabalhar nas férias de verão na empresa de seu pai, a Trump

Organization, uma empresa de negócios imobiliários em Nova York. Depois de formado, foi oficialmente contratado e logo ficou claro que suas ambições eram bem maiores do que as de seu pai.

Trump liderou uma forte expansão da empresa, ao convencer seu pai a utilizar financiamentos lastreados em hipotecas dos apartamentos que a Trump lançava. Mas isso era pouco (as margens eram estreitas) e ele, antecipando-se às grandes oportunidades que iriam se abrir no mercado imobiliário nova-iorquino, tratou de se envolver em grandes projetos que tinham em comum uma arquitetura e um design inovador, que mais tarde viriam a lhe render reconhecimento público.

Além de fazer fortuna graças ao seu talento no setor imobiliário, Trump também ficou conhecido por conta de seus programas na televisão americana.

Sua vida pessoal também foi única. Casou-se pela primeira vez em 1977, com a modelo tcheca Ivana Trump. Da união, nasceram três filhos: Donald Junior, Ivanka e Eric Trump. O casamento terminou em 1992 com divórcio, um assunto muito explorado pelos tabloides na época. Estima-se que custou a Trump cerca de US$ 25 milhões. Casou-se pela segunda vez em 1993, com a modelo Marla Maples (pivô de sua separação de Ivana), com quem teve um filha: Tiffany Trump. Divorciaram-se em 8 de junho de 1999. E voltou a se casar no ano de 2005, também com uma modelo, a eslovena Melania Knauss, em uma grande cerimônia na Flórida. Desse casamento, nasceu seu quinto filho, Barron Trump.

Trump sempre esteve à frente de "façanhas" no mercado imobiliário de Nova York: conseguiu um benefício fiscal por 40 anos do governo da cidade e transformou a falência do Commodore Hotel no fabuloso hotel Grand Hyatt. Ele também terminou a construção do Wollman Rink no Central Park (uma obra que se arrastava há anos) apenas três meses após assumir o gerenciamento do projeto.

Trump hoje controla a Trump Entertainment Resorts, que opera cassinos e hotéis em Las Vegas, Atlantic City e em todo o mundo. Mas foi justamente um casino que causou uma grave desorganização em suas finanças, como veremos mais adiante.

No final dos anos 90, Trump conseguiu reorganizar suas finanças e hoje está definitivamente associado aos endereços de maior prestígio da cidade de Nova York, como o Trump Plaza, o Trump International Hotel & Tower, o Trump World Tower at the United Nations Plaza, o Trump Park Avenue e o Trump Place, considerado hoje uma das mais espetaculares comunidades residenciais criadas na cidade de Nova York desde a virada do século.

Trump é mais do que um self-made man, ele é um um autêntico showman – e não apenas na TV. Fora dela, Trump mostra que não tem papas na língua e não tem dificuldade para dizer o que pensa sobre qualquer assunto. Aliás, costuma assumir suas posições publicamente mesmo quando é confrontado com temas polêmicos. Foi dele a ideia de questionar a cidadania do presidente dos Estados Unidos, Barack Obama, oferecendo um prêmio de 5 milhões de dólares pela prova de que Obama não seria um cidadão americano. Outra faceta de Trump: ele também escreve livros com o objetivo de ensinar as pessoas a ganhar dinheiro. São mais de 15 livros, como a *A arte da negociação*, *Como ficar rico* e *Como chegar lá*.

Nos anos 90, Trump expandiu seu interesse para o ramo de cassinos, com a compra do conhecido Taj Mahal, em Atlantic City. Mas esse movimento de expansão e diversificação de seus negócios acabou por levá-lo a um excessivo nível de endividamento. Então, apesar do seu talento, conhecimento do setor imobiliário, visão de negócios e ousadia, ele praticamente quebrou na década de 90. Mas você sabia que em poucos anos ele "sacudiu a poeira, deu a volta por cima" e ficou bilionário de novo?

Fora de Manhattan, o impressionante portfólio de Trump inclui o espetacular Mar-a-Lago Club, um dos mais conceituados clubes privados do mundo, localizado em Palm Beach, Flórida. O Mar-a-Lago Club está dentro de uma área de 80.000 m^2 que combina vista para o mar com um paisagismo de altíssimo bom gosto.

Donald Trump é ainda um apaixonado por golfe. Atualmente, possui 10 campos de golfe, considerados os melhores em todo o mundo. E não é sem motivo que o melhor deles, autêntica joia da coroa, o Trump

International Golf Club West Palm Beach, localize-se a apenas 10 minutos do Mar-a-Lago Club.

Os hotéis que ostentam a grife Trump também valem uma menção. A chamada Trump Hotel Collection inclui hotéis em Chicago, Las Vegas, Miami, Waikiki, Toronto e Nova York, com os aclamados Trump SoHo/ New York e o Trump International Hotel & Tower on Central Park West.

Mais recentemente, como estratégia de diversificação, Trump lançou a Trump Network, uma nova forma de fazer negócios. Essa empresa comercializa produtos de beleza e suplementos alimentares por meio do chamado Network Marketing ou marketing multinível, uma atividade que, ao que tudo indica, vem sendo bem-sucedida ao viabilizar as operações de empreendedores interessados em iniciar seus próprios negócios com pequenos investimentos e grande alavancagem financeira.

O que podemos aprender com ele para ter sucesso nos negócios? Em primeiro lugar, é preciso conhecer o próprio negócio e o segmento da economia no qual vai atuar. Em segundo, ficar atento ao mercado e seus condicionantes e desenvolver uma visão de negócios eficiente. Em terceiro, ter determinação na busca dos objetivos, acreditar que é possível. Em quarto, ser persistente, não desistir nunca. Em quinto, refrear ímpetos de muita ousadia, para que a ambição desmedida não coloque tudo a perder. Em sexto lugar, ter serenidade para dar um passo de cada vez. Isso é melhor do que dar vários passos grandes, cair e ter que voltar atrás. Pelo que conhecemos de Trump, essa última sugestão seria considerada muito sem graça por ele.

39 BILIONÁRIOS BRASILEIROS

A revista Forbes garante: o carioca Jorge Paulo Lemann continua firme na posição de homem mais rico do Brasil. Se você nunca ouviu falar dele, não está sozinho. Mas, certamente, você conhece pelo menos uma das empresas que o fizeram bilionário, a Ambev, dona das marcas de cerveja mais conhecidas do Brasil, como Brahma, Antarctica, Skol e Bohemia, entre muitas outras.

Jorge Paulo Lemann possui uma fortuna estimada em mais de US$ 25 bilhões, que o colocava, em novembro de 2015, como o 28º homem mais rico de todo o mundo. Sua história não pode ser dissociada das histórias de seus sócios Marcel Telles e Beto Sicupira, que também são bilionários e ajudaram Jorge Paulo a se tornar o nº 1 do ranking. Ambos estão ainda um pouco distantes de Joseph Safra, o bilionário banqueiro brasileiro que se posiciona em segundo lugar no Brasil e em 52º do mundo. O ranking dos brasileiros mais ricos em 2015 tem ainda a família Marinho (Globo), Silvio Santos (SBT) e Edir Macedo (Igreja Universal) e membros e herdeiros das famílias Ermírio de Moraes e Amador Aguiar.

Muitas dessas pessoas fizeram fortuna em uma época diferente da atual, quando puderam explorar oportunidades que não existem mais. Então, por que falar delas se a gente sabe de antemão que será muito difícil repetir a sua trajetória de sucesso?

A resposta é muito simples: a história de vida dessas pessoas comprova que todas, sem exceção, gostam muito de trabalhar. Nenhuma parou de trabalhar quando ficou milionária. Nenhuma pensa em se aposentar. Ao contrário, todas se mostram dispostas a trabalhar a vida toda, enquanto tiverem forças. O trabalho é o motor de suas vidas.

Algumas foram privilegiadas por nascer em famílias mais abastadas que puderam bancar seus estudos, mas outras saíram literalmente do zero. Em todas, o denominador comum é determinação. Nada foi fácil para elas, mas nenhuma desistiu de seu sonho diante das dificuldades e imprevistos que a vida lhes reservou.

É por isso que chamamos sua atenção para essas histórias. Surpreenda-se com a narrativa e extraia o que for útil para o seu projeto de vida. Talvez seja difícil ou até mesmo impossível se tornar um bilionário saindo do zero. Então, faça como todos eles: fique milionário primeiro, pois isso é possível. Depois você decide se quer continuar.

Conheça então a história de alguns bilionários brasileiros, escolhidos por mim segundo um critério bem simples: minha admiração pessoal.

40 Jorge Paulo Lemann

"Sonho grande": esse é o nome do best-seller que conta a saga de Jorge Paulo Lemann e seus sócios Marcel Telles e Beto Sicupira. Escrito pela jornalista Cristiane Correa, ex-editora executiva de EXAME, o livro revela quem é Jorge Paulo Lemann, o bilionário brasileiro que ocupa a primeira posição no ranking da Forbes de 2015.

O sucesso de Jorge Paulo Lemann à frente dos negócios deve-se a alguns fatores para os quais você precisa estar atento no seu projeto de construção de riqueza. São eles foco, determinação, persistência e muito trabalho.

A história de Jorge Paulo comprova: não existe caminho fácil para o sucesso pessoal e empresarial. Para alcançar o sucesso, é preciso sonhar grande, cercar-se de gente competente, manter-se focado nos objetivos traçados, ter muita determinação para enfrentar desafios, despender um esforço intenso e contínuo para não desistir diante de obstáculos e, principalmente, cultivar um saudável fanatismo por trabalhar.

Mas quem é Jorge Paulo Lemann e como ele conseguiu se tornar o maior bilionário brasileiro e se posicionar em meio aos 30 maiores bilionários do mundo?

Jorge Paulo nasceu no Rio de Janeiro, em 26 de agosto de 1939. Filho de pai suíço e mãe brasileira, foi criado em uma família que vivia sem ostentação – gente que valorizava a ética, a disciplina e o trabalho, valores que se tornaram pilares de sua formação intelectual.

Embora não se possa dizer que ele tenha nascido em berço de ouro, é forçoso reconhecer que ele teve uma situação financeira confortável quando jovem. Com isso, pôde aprender inglês desde a infância e estudar em uma das melhores escolas da cidade, a Escola Americana do Rio de Janeiro. Como se verá a seguir, tornar-se fluente na língua inglesa foi fundamental para seu sucesso no mercado financeiro internacional.

Mas, se você já está imaginando Jorge Paulo como apenas mais um nerd ou cdf que deu certo, engana-se. Para começar, ele morava no Rio de Janeiro, uma cidade que é sinônimo de praia, mar e céu azul. Então, acertou quem imaginou Jorge Paulo pegando jacaré nas ondas da praia de Copacabana ou deslizando em cima de uma prancha no Arpoador. Sim, o maior bilionário brasileiro de 2015 foi um esportista na adolescência, um dos melhores surfistas do Rio de Janeiro de sua época. Além do surfe, tinha uma outra paixão: o tênis, um esporte que começou a praticar aos 7 anos de idade e que lhe trouxe muita alegria ao longo de toda sua vida. A primeira grande conquista nas quadras veio aos 17 anos, quando se sagrou campeão brasileiro juvenil. Entretanto, essa promissora carreira no tênis foi interrompida pela sua ida para a Universidade de Harvard.

Jorge Paulo em Harvard: vagal ou cdf?

A Universidade de Harvard é uma instituição de ensino secular e compõe, ao lado de Yale e Princeton, a Ivy League, *crème de la crème* do sistema americano de ensino universitário. Oito presidentes americanos estudaram lá, entre eles John F. Kennedy, George W. Bush e Barack Obama. George W. Bush? *Never mind…*

O sonho de estudar em Harvard exige uma polpuda conta bancária ou a conquista de uma bolsa de estudos. O outro desafio é ainda mais difícil: é preciso ser aceito em Harvard – e mais de 93% dos estudantes que tentam uma vaga nessa universidade são literalmente recusados.

O escritor Rolf Dobelli, em *A arte de pensar claramente*, coloca em dúvida a qualidade do ensino em Harvard. Na verdade, no seu livro, ele faz uma provocação gratuita e, pior, fala de sua experiência pessoal em uma universidade suíça para justificar sua opinião sobre Harvard. Diz ele:

Harvard tem fama de ser uma universidade top de linha. Isso significa que Harvard é uma boa universidade? Não sabemos. Talvez seja péssima, mas recruta os estudantes mais inteligentes do mundo todo. Foi o que senti na Universidade de St. Gallen, na Suíça. Sua fama é excelente, mas as aulas (vinte anos atrás) eram medíocres. No entanto, por algumas razões – boa seleção de estudantes, o clima, a comida da cantina? –, muitos graduados se tornaram importantes.

Eu, pessoalmente, achei essa argumentação um tanto quanto primária, mas me lembrei dela quando li sobre a experiência de Jorge Paulo em Harvard.

No relato de Cristiane Correa, autora do livro *Sonho Grande*, a experiência do estudante Jorge Paulo em Harvard foi um "horror". Só para lembrar: estamos falando de um cara de 17 anos, que não achou a mínima graça na rígida disciplina a que tinha que se submeter na universidade. Pior: Jorge Paulo chegou a Cambridge em setembro de 1957 e detestou o frio que logo teve que enfrentar. Vida dura de carioca surfista, longe do calor, das praias e das ondas. Em vez de calor e céu azul, um frio de rachar, aulas chatas e notas abaixo da média. Talvez isso explique uma "aprontada" que ele deu quando estava prestes a voltar para o Brasil, logo no seu primeiro período de férias. Cristiane Correa conta a brincadeira que quase custou a Jorge Paulo a vaga na universidade:

Em plena praça central de Harvard, Jorge Paulo soltou um punhado de fogos de artifício. A molecagem fez sucesso entre os alunos, mas ele foi pego em flagrante pela administração do campus. Quando chegou ao Rio de Janeiro, dias depois do incidente, havia uma carta de Harvard recomendando que se ausentasse da instituição por um ano – período em que, esperava-se, ele iria amadurecer. A correspondência quase fez efeito. Jorge Paulo, que via em Harvard uma aporrinhação sem fim, ficou inicialmente tentado a aproveitar a chance e abandonar a escola. Logo, porém, mudou de ideia. Voltaria para Cambridge (a carta apenas "recomendava" sua ausência, não o obrigava a se afastar) e terminaria o curso em mais dois anos, em vez dos três tradicionais. Se aquilo era uma chatice, que ao menos acabasse logo.

Na volta as aulas, deixou o jeito suíço de lado e entrou com o jeitinho brasileiro. Ao notar que as provas anteriores eram muito semelhantes entre si, passou a focar suas horas de estudo nos conteúdos e nas questões que tinham mais chances de voltar nas provas à frente. Deu certo e ele passou a tirar boas notas – e de "marginal" que soltava fogos no recreio passou a "queridinho" do reitor. Resultado: formou-se em Harvard aos 20 anos de idade e voltou ao Brasil em busca do seu primeiro emprego.

Ao tomar conhecimento desse salutar episódio, foi inevitável lembrar os meus próprios aprontamentos na escola. Tolere um novo…

#MOMENTODEVANEIO: *No meu tempo de estudante, na época em que colar e roubar prova não dava processo ou cadeia, muitos dos meus colegas de turma e eu cansamos de utilizar, digamos, certos subterfúgios não autorizados para tirar boas notas nas provas. Jorge Paulo definitivamente não chegou a tanto, mas ter descoberto que as provas antigas ficavam arquivadas na biblioteca da escola foi demais – e isso o ajudou muito. Bem, quatro décadas depois, vamos às confissões. Eu e muitos dos meus colegas de Alberto Conte (a melhor escola estadual de São Paulo nas décadas de 50 e 60, localizada na zona sul da cidade) passávamos um verdadeiro "perrengue" para tirar as notas mínimas em determinadas disciplinas. O ensino no Alberto Conte era muito puxado e, graças à excelência dos professores, os bons alunos conseguiam entrar em faculdades como a Escola Politécnica e o ITA sem fazer cursinho. Entretanto, nós tínhamos que estudar algumas matérias insuportáveis, como latim e outras igualmente difíceis, como física e matemática. Aí, não tinha jeito: só restava uma opção, a boa e tradicional "cola". Com o tempo, o ato de colar foi se sofisticando: as meninas eram as mais privilegiadas, pois usavam imensas saias rodadas como uniforme. Elas chegavam a atrapalhar as nossas provas, ao levantar suas saias para ter acesso às fórmulas ou lembretes que escreviam na parte superior de suas pernas. Nós não tínhamos essa facilidade e, então, desenvolvemos alguns outros métodos. O primeiro, mais básico e preferência dos mais preguiçosos, era anotar fórmulas e conteúdos em pequenos papéis, que eram inseridos debaixo da folha de papel almaço (em branco) que recebíamos – e que tinha a logomarca da escola. Eu, particularmente, gostava da cola em formato "teleprompter". Era simples de fazer: bastava anotar todo o conteúdo a ser "consultado" em uma folhinha de papel comprida, com uns 15 cm de comprimento e 6 cm de largura. Depois, era só colar as pontas em 2 palitos e enrolar. Prática, dava para escondê-la entre os dedos e, ao desenrolar, as fórmulas mágicas iam aparecendo, assim como toda a "decoreba" que não encontrara lugar na nossa cabeça. Ainda nessa época de colégio, quando as coisas se complicavam, era preciso trabalhar em equipe. A turma da manhã convocava os cdfs da turma da tarde para ajudar. E vice-versa. Veja como uma mão lavava a outra, acompanhe o passo a passo do processo. Primeiro passo: "pedir emprestado" (o mais correto seria dizer surrupiar ou roubar) um pacote de folhas de papel de prova com o timbre da escola. Como a secretaria ficava deserta entre 6 e 6h30 da manhã, não havia ninguém para nos "atender". Então, para falar o português claro, a gente pulava o muro da escola, esgueirava-se pelos corredores até a secretaria e roubava um lote de papel de prova timbrado. Segundo passo: como os professores eram espertos, eles só divulgavam as questões das provas na hora, escrevendo-as no quadro-negro. Aí, os estudantes que se sentavam ao lado das janelas anotavam rapidamente as questões em papeizinhos que eram rapidamente jogados pela janela, caindo nas mãos de uma galera pronta para pegá-los e entregá-los para os cdfs que estavam a postos na sala do centro acadêmico. Terceiro passo: depois de resolvidas em rascunho pelos cdfs, as questões eram transcritas para uma folha timbrada e o cabeçalho era preenchido com os nomes dos felizardos. Quarto passo: adrenalina pura. A classe inteira – mais de 40 pessoas – combinava de entregar as provas no último minuto, depois da terceira ameaça do professor de ir embora.*

Então, formava-se uma grande confusão, em que se misturavam alunos saindo com outros que discretamente nos entregavam as provas prontas, que eram rapidamente entregues ao professor. Uma façanha da qual sempre nos orgulhamos, nunca fomos pegos. Quanto ao conteúdo que colamos: nunca fez a menor falta, todo mundo do Alberto Conte se deu bem na vida. Mais tarde, no final dos anos 60, na Escola de Administração de Empresas de São Paulo da Fundação Getúlio Vargas (GV), a estratégia foi repetida por muita gente. Naquela época as coisas já eram mais sofisticadas: as provas eram impressas na gráfica rápida da GV e, para mentes criativas, não era difícil roubá-las um dia antes (furtivamente à noite) ou no próprio dia. Nesse caso, eram resolvidas na biblioteca e devidamente encaminhadas aos "interessados" das mais diversas formas. Uma época linda, na qual não existia nem o Estado Babá, nem o politicamente correto.

Aqui no Brasil, o início da trajetória profissional de Jorge Paulo registra altos e baixos, mais baixos do que altos. Ao chegar ao país, logo conseguiu um emprego na Deltec, uma empresa que contava com centenas de agentes que saíam Brasil afora para comercializar ações de porta em porta. Ao notar o grau de precariedade do nosso mercado financeiro na época, resolveu ganhar experiência lá fora.

Como tinha dupla cidadania, foi para a Suíça e arranjou estágio em um grande banco. Logo viu que aquilo não era para ele: detestou a hierarquia e a rigidez suíça – mas, já que estava lá, voltou a se concentrar no que sabia fazer melhor: jogar tênis. Chegou a defender a equipe local na Copa Davis, passando a viver como profissional. Nessa época (1962-1963), disputou dois torneios do Grand Slam: Wimbledon (Inglaterra) e Roland Garros (França), mas parou quando percebeu que jamais chegaria a se posicionar entre os Top 10 do mundo.

Então, nova reviravolta: decidiu desviar o foco do esporte e passou a focalizar o mundo corporativo, voltando ao Brasil para tentar uma nova atividade no mercado financeiro.

Estamos agora em 1963 e Jorge Paulo foi contratado pela Invesco, uma pequena empresa que atuava no mercado de capitais. Depois de uma rápida ascensão na empresa – fruto do reconhecimento de sua destacada contribuição para os resultados da firma no mercado de ações –, Jorge Paulo, aos 27 anos, viu sua participação de 2% na empresa virar pó, pois a Invesco simplesmente foi à falência por má gestão e descontrole de custos. Engana-se quem pensa que esse novo percalço abalou a disposição de Jorge Paulo de continuar perseguindo seu sonho grande. Na verdade, a quebra da Invesco mostrou a ele o quanto um rigoroso controle de gastos é importante para garantir a sustentabilidade de uma empresa no longo prazo. Isso se tornaria uma verdadeira obsessão para ele e seus futuros sócios nas próximas décadas.

Jorge Paulo casou-se em 1966, aos 27 anos, com a psicanalista Maria de San Tiago Dantas Quental, conhecida como Tote, uma mulher bonita e elegante da alta sociedade do Rio de Janeiro. Teve com ela três filhos: Anna Victoria, Paulo e Jorge Felipe.

Em 1967, Jorge Paulo começou a trabalhar na corretora Libra, recebendo uma participação de 13%. Em 1970, deixou a empresa após uma tentativa frustrada de assumir seu controle. Nessa altura do campeonato, vale a pergunta: você já contou quantos altos e baixos ele experimentou antes mesmo de completar 30 anos?

Então, mesmo após todos esse tropeços, como ele se tornou o maior empresário do setor de alimentos e bebidas do mundo? Depois das experiências não tão bem-sucedidas de seu início de carreira no mercado financeiro, Jorge Paulo finalmente acertou a mão em 1971, ao adquirir a Garantia, uma pequena corretora de valores que mais tarde seria transformada em banco de investimentos, o Banco Garantia, "onde tudo começou".

Para quem quiser conhecer a história do Garantia em detalhes, recomendo fortemente a leitura do livro *Sonho Grande*. A jornalista Cristiane Correa, autora do best-seller, recompensa o leitor com informações inéditas sobre o Garantia e sobre as empresas posteriormente adquiridas por Jorge Paulo Lemann e seus sócios Marcel Telles e Beto Sicupira. Para escrevê-lo, Cristiane entrevistou quase 100 pesos-pesados do mundo dos negócios, inclusive o megainvestidor Warren Buffett, terceiro homem mais rico do mundo e sócio do trio na recente aquisição da Heinz.

#MOMENTODEVANEIO: *Escrever sobre o Garantia é uma delícia. Primeiro, porque eu pude acompanhar de perto todo o seu crescimento. Nos anos que o banco esteve em seu apogeu, eu trabalhava na área de comunicação de um grande banco americano em São Paulo. Na época, perdi para o Garantia o meu melhor trainee, um jovem "high potential" que eu não pude segurar por questões salariais. A boa notícia é que continuamos amigos e, com isso, consegui entender a cultura do Garantia, saber mais sobre a governança do banco e me encantar com a meritocracia que o distinguia das demais estruturas tradicionais. No mercado, ouvia-se que o Garantia pagava salários abaixo da média de mercado. Em compensação, os bônus eram,* by far, *muito superiores aos pagos por outras instituições financeiras. Bem, bota superior nisso: no primeiro ano de Garantia, o meu antigo trainee ganhou de bônus a bagatela de 150 mil dólares, um valor mais ou menos equivalente ao salário que um vice-presidente de banco como eu recebia no período de um ano. Hellouu!!! O cara era um trainee!!!*

A história do Garantia começou em 1971, quando Jorge Paulo comprou o título da corretora Garantia. Naquele ano, o mercado de ações brasileiro apresentou um crescimento extraordinário, tanto em volume negociado quanto em valorização. Eu, que ainda frequentava os semestres finais do curso de administração de empresas na FGV, havia começado um estágio em uma seguradora no centro velho de São Paulo. E, como ainda ganhava mesada de meu pai, conseguia poupar quase tudo que ganhava. Dinheiro que ia direto para a bolsa. Abre aspas, aí vai mais um...

#MOMENTODEVANEIO: *Aprendi (quase) tudo sobre o mercado de ações da forma mais eficiente possível: perdendo dinheiro. Tudo começou em 1971, quando o Ibovespa, índice que mede a performance das ações negociadas na Bolsa de Valores de São Paulo, registrou valorização de 48% entre janeiro e março de 1971. Todo mundo só falava em ganhar com as ações, do taxista ao barbeiro, do professor universitário ao médico de famíla e, com isso, o efeito manada foi inevitável. Mas quem comprou no auge da valorização, como era de se esperar, perdeu dinheiro. A máxima de "comprar ações na baixa e vender na alta" era literalmente ignorada pelo investidor iniciante. Todo mundo queria ganhar, todo mundo tinha pressa – até porque os preços não paravam de subir. Mas a alta era resultado de uma forte especulação e, quando o mercado azedou e a bolha estourou, a bolsa iniciou um processo de queda que parecia não ter fim. Em 18 meses, o Ibovespa caiu mais de 60%. Arrastou, com ele, as economias de uma legião de investidores, inclusive as minhas. E olha que as ações em que eu investi não tinham nada de especulativas. Eu e um colega da FGV que trabalhava na Bovespa, em uma área técnica chamada DITEC, analisamos os balanços de dezenas de empresas e descobrimos algumas que tinham sólidos fundamentos, eram bem administradas e estavam muito baratas. Parecia que o mercado tinha se esquecido delas. Cada um de nós comprou o que pôde e iniciamos um período de espera pela valorização. Aquilo parecia que não ia ter erro: nós descobrimos um punhado de ações baratas antes dos outros. Bem, faltou combinar com os russos. Ninguém mais "descobria" que as ações estavam baratas e ninguém investia nelas. Pior: enquanto blue chips como Vale, Petrobras e Paranapanema batiam recordes de valorização, as nossas ações, de baixa liquidez, tiveram ganhos apenas modestos. Mas, quando as blue chips despencaram, as nossas ações caíram ainda mais que elas. O resultado você já imagina: realização de prejuízo. Quanto mais as ações oscilavam, mais a gente ficava vidrado no mercado. Eu trabalhava na Rua XV de Novembro e o pregão viva voz da bolsa ficava a uns 100 metros do escritório. Então, o programa da hora do almoço era rapidamente comer um sanduíche feito sob medida na lanchonete Lírico do "seu" Renato, na Rua Líbero Badaró, e voar para o "aquário" da bolsa, de onde acompanhávamos a gritaria do pregão. Adrenalina pura. Chegou uma hora que não aguentamos assistir ao derretimento das cotações. Vendemos as ações a qualquer preço e aplicamos o dinheiro que sobrou na renda fixa. Sabe quanto tempo levaria para recuperar o que perdemos? Uns vinte anos. Lição aprendida: o mercado de ações não é para amadores e é impossível ser mais esperto do que o mercado. Segunda lição aprendida: por mais que você tenha um perfil de investidor agressivo, se não tiver "staying power", ou seja, se você não puder permanecer no investimento por prazos longos, é*

melhor não entrar. Então, siga os conselhos de Warren Buffett e invista em empresas sólidas, com perspectiva de longo prazo. Lembre-se ainda: cisnes negros existem e ainda não revogaram um dos pressupostos básicos da Lei de Murphy: "Se alguma coisa tiver chances de dar errado, dará".

A corretora Garantia começou a funcionar em 1971, no Rio de Janeiro, em um modesto escritório. Pouco tempo depois de iniciar as operações, a empresa foi atingida em cheio pelo estouro da bolha especulativa no mercado de ações. Por isso, Jorge Paulo decidiu focar sua atuação no open market e saiu em busca de profissionais que batizou de PSD (Poor, Smart, Deep Desire to Get Rich). Para seduzir e conseguir recrutar os PSDs, ele implantou uma cultura empresarial baseada na meritocracia, nos moldes do banco de investimentos americano Goldman Sachs.

O sistema de remuneração do Garantia previa o pagamento de salários abaixo da média de mercado e uma alta recompensa para quem batia as metas, um bônus polpudo. Quem não atingia a meta tinha um destino certo: a rua. Todo ano a história se repetia: aproximadamente 10% do quadro de funcionários era demitido. Demitir as pessoas pior avaliadas abria lugar para novos talentos, jovens com a faca nos dentes. No Garantia, a competição interna era incentivada. Trabalhar lá não era para qualquer um. Cristiane Correia, no livro *Sonho Grande*, revela:

No Garantia, a pressão e a busca inclemente por resultados foram levadas ao paroxismo. Chegar cedo, sair tarde, varar noites em claro não eram exceção. As jornadas de trabalho duravam de 12 a 14 horas diárias, muitas vezes avançando pelos fins de semana. Obviamente, vida pessoal e família eram frequentemente sacrificadas. (...) No escritório de ambientes abertos, em que todo mundo fiscalizava todo mundo, costumava-se bater palmas para quem se levantava mais cedo que o habitual para ir para casa. Uma ironia, claro, em geral acompanhada da incômoda pergunta: "Está fazendo meio período hoje?" O tom podia ser de brincadeira, mas não escondia a acidez. Como é de se imaginar, tratava-se de um esquema que não servia para qualquer pessoa. Tornou-se lendária a história de um advogado contratado pelo Garantia que abandonou o trabalho no primeiro dia – saiu para o almoço e nunca mais voltou, assustado com o que vira em poucas horas de expediente.

Esse modelo de gestão deu certo. Estima-se que, literalmente, todos os sócios do Garantia ficaram muito ricos, mas nem todos tiveram o poder de influenciar os destinos do banco nos anos que se seguiram. Em 1980, o Garantia tinha 17 sócios, mas quem mandava mesmo era o trio formado por Jorge Paulo, Marcel Telles e Beto Sicupira, uma parceria que permanece até hoje, quase 40 anos depois de formada.

Jorge Paulo voltou a se casar em 1991 (ele e Tote haviam se separado cinco anos antes). Sua segunda mulher, Susanna, natural de Zurique, conheceu Jorge Paulo aqui no Brasil e lhe deu três filhos: Marc, Lara e Kim. Susanna tinha (e ainda tem) tudo a ver com Jorge Paulo: suíça (como o pai de Jorge Paulo), discreta, avessa a badalação, adepta de uma alimentação equilibrada e uma fanática praticante de esportes, em especial corrida e ciclismo.

Entretanto, um episódio em 1999 viria a dar um novo rumo à vida de Jorge Paulo. Em março daquele ano, o automóvel blindado que levava seus filhos, Marc, Lara e Kim, à escola foi alvo de uma tentativa de sequestro em São Paulo. Felizmente, a blindagem do Passat resistiu a 15 tiros de armas de grosso calibre e a presença de espírito do motorista treinado em direção defensiva impediram o sequestro. Mas o episódio deixou sequelas e foi a gota d'água para Jorge Paulo desencantar-se de vez com o Brasil e se mudar com a esposa Susanna e filhos para a Suíça, para uma casa às margens do lago Zurique. A partir de então, Jorge Paulo pôde se locomover à vontade pelos vilarejos da região sem ser reconhecido ou incomodado, andando de bicicleta, jogando tênis ou praticando esportes aquáticos no lago. Lá, tendo como vizinhos celebridades e endinheirados europeus, ele acompanha o desempenho de suas empresas pelo mundo sem se preocupar com questões de segurança.

Depois do Garantia, Jorge Paulo e seus sócios foram voltando seus olhos para investimentos na economia real. Inspirados no modelo de negócios de Warren Buffett, começaram a adquirir pequenas participações em empresas subavaliadas e que tivessem potencial para positivamente responder a um choque de gestão. Nesse sentido, compraram pequenas participações na São Paulo Alpargatas e nas Lojas Brasileiras. Deu tudo errado e eles logo perceberam que, como acionistas minoritários, ficava difícil palpitar na gestão. Em 1982, venderam as ações da Alpargatas e compraram um grande bloco de ações da Lojas Americanas. Em pouco tempo, assumiram o controle e a administração da empresa e implantaram seu já consagrado modelo de gestão que valorizava a meritocracia. Daí para a frente, o trio não parou mais. Os números impressionam, é coisa de gente grande. Confira:

- 1989 Compra da Brahma por US$ 60 milhões
- 1993 Fundação da GP Investimentos
- 1998 Venda do Garantia para o Credit Suisse por US$ 673 milhões
- 1999 Brahma compra Antarctica, surge a Ambev
- 2001 Ambev compra a Cerveceria Nacional, do Paraguai
- 2002 Ambev compra 36% da cervejaria argentina Quilmes
- 2003 Jorge Paulo vende parte de sua participação na GP Investimentos
- 2004 Jorge Paulo vende saldo de sua participação na GP Investimentos
- 2004 Constituição da 3G Capital, uma empresa global de investimentos
- 2004 Fusão da Ambev com a Interbrew, nasce a InBev
- 2008 InBev compra a Anheuser-Busch por US$ 52 bilhões
- 2010 3G Capital compra o Burger King por US$ 4 bilhões
- 2012 3G Capital compra a fabricante da cerveja Corona por US$ 20 bilhões
- 2013 3G compra a Heinz, em sociedade com Warren Buffett, por U$ 28 bilhões
- 2015 AB InBev compra a SABMiller por mais de US$ 100 bilhões

FILANTROPIA

Jorge Paulo Lemann nunca foi de dar muita entrevista e não é surpresa que poucas pessoas saibam que ele é o maior bilionário do Brasil. A dificuldade de saber mais sobre sua vida pessoal e empresarial também se estende às suas ações no terreno da filantropia. Eu conhecia sua trajetória empresarial por ter trabalhado no mercado financeiro, mas só fiquei sabendo de suas iniciativas filantrópicas recentemente, ao buscar informações que pudessem enriquecer sua história de sucesso aqui neste livro. Assim, tive uma agradável surpresa ao conhecer as propostas das fundações e dos projetos educacionais que Jorge Paulo apoia.

Jorge Paulo costuma dizer que tem três metas de vida: deixar um legado de empresas sólidas com amplas possibilidades de se perpetuarem, deixar uma família produtiva que tenha responsabilidade sobre tudo aquilo que receber e deixar algum marco significativo na área da educação. Atualmente, Jorge Paulo dedica muito do seu (escasso) tempo para as atividades ligadas às fundações estruturadas por ele para dar curso aos seus projetos de filantropia atrelados à educação. São elas a Fundação Lemann e a Fundação Estudar, fundada em 1991 pelo trio Jorge Paulo, Marcel e Beto. Consta que o número de bolsas concedidas pela Fundação Estudar já passa de 530, beneficiando jovens brasileiros que se destacam nos estudos, selecionados por mérito, muitas vezes por um dos membros do trio. Todos recebem o suporte necessário para acelerar seu desenvolvimento pessoal e profissional. A fundação direciona os jovens para as melhores opções de estudo no mundo dentro de suas respectivas áreas de atuação. O apoio começa na orientação sobre áreas de estudo, cursos e universidades e vai até o processo completo de *application* para cursos de graduação no exterior.

A Fundação Lemann, uma organização sem fins lucrativos criada em 2002, tem por objetivo melhorar a qualidade da educação pública no Brasil e promover projetos que beneficiem estudantes brasileiros. A meta por trás de todos os projetos é contribuir para que o país seja capaz de oferecer uma educação de alto nível para todos. A Fundação Lemann oferece também bolsas de estudos para pessoas de talento em algumas das melhores universidades do mundo, como Harvard (EUA) e St. Gallen (Suíça).

O Programa Lemann Fellowship busca contribuir para que o Brasil passe a contar com um número cada vez maior de profissionais formados em universidades de excelência. Bolsas de estudos (integral ou parcial) permitem que o bolsista participe de programas específicos em algumas das melhores universidades do mundo. Para se beneficiar do programa, os Lemann Fellows (profissionais e pesquisadores de desempenho acadêmico exemplar e com grande capacidade de realização) assumem o compromisso de utilizar o conhecimento adquirido em prol do desenvolvimento do Brasil e da superação dos principais problemas sociais do país. Na volta, recebem apoio para desenvolvimento de carreira e inserção em uma rede de contatos. Para saber mais sobre os programas da fundação, acesse http://fundacaolemann.org.br.

Apoio à Endeavor

A Endeavor é uma organização internacional que incentiva o empreendedorismo de alto impacto em todo o mundo. Presente em mais de 20 países, a organização atua no Brasil desde 2000, trazida por Beto Sicupira, sócio de Jorge Paulo. O principal objetivo da organização é contribuir para a multiplicação do número de empreendedores de alto crescimento no Brasil e ajudar na criação de um ambiente de negócios melhor para o país. Para atingir esses objetivos, a Endeavor apoia os melhores empreendedores, compartilha suas histórias e aprendizados e promove estudos para entender e direcionar o ecossistema empreendedor no país. A Endeavor acredita na força do exemplo e trabalha para promover o espírito empreendedor, que questiona a realidade, inspira a inovação, contagia e faz acontecer a evolução. Empreendedores inovadores sonham grande e quando estão à frente de empresas que transformam os setores em que atuam acabam gerando novos empregos e aumentando a competitividade do país. Segundo Linda Rottenberg, fundadora da Endeavor Global, "A Endeavor é a organização líder no apoio a empreendedores de alto impacto ao redor do mundo. Por alto impacto, queremos dizer as pessoas com os maiores sonhos, com grande potencial para criar empresas que fazem a diferença e crescem continuamente, e com maior chance de inspirar as próximas gerações de empreendedores. Somos a única organização com foco nas 'scale-ups' – empresas no momento de escala – e não nas 'start-ups' porque é onde acreditamos que a maior geração de emprego e riqueza acontece."

Como se vê, a história de Jorge Paulo não pode ser dissociada da história de seus sócios Marcel Telles e Beto Sicupira. O trio está junto há mais de 40 anos. Marcel e Beto são sócios de Jorge Paulo na 3G Capital e segundo a revista Forbes ocupam, respectivamente, a terceira e a oitava posição no ranking de 2015 dos brasileiros mais ricos. Ainda segundo a Forbes, a fortuna de Marcel era de US$ 12,6 bilhões em novembro de 2015, o que o deixa ainda distante do segundo brasileiro mais rico, o banqueiro Joseph Safra. Beto Sicupira também galgou posições no ranking e ocupa o 8º lugar entre os brasileiros em 2015. Sua fortuna era de US$ 11 bilhões em novembro de 2015.

#MOMENTOMADMEN: *Você já ouviu falar da série Mad Men? Ambientada na Nova York dos anos 60, Mad Men é uma série de TV que tinha como pano de fundo uma típica agência de publicidade americana. A série retrata os publicitários da Madison Avenue, os Mad Men, termo cunhado por eles mesmos. Se você tem curiosidade em saber como era a cultura vigente na sociedade americana na década de 60, os usos e costumes e o modo como as pessoas se comportavam e faziam negócios, assista à série (disponível no Netflix). Os partidários do politicamente correto vão ficar horrizados: naquela época, as pessoas fumavam de manhã à noite em lugares impensáveis nos dias de hoje. Os diretores e gerentes das agências de publicidade tinham salas e trabalhavam de porta fechada. Cada um tinha sua secretária, que barrava ou deixava as pessoas entrar somente depois de anunciadas pelo intercom. Com essa proteção, consumir bebidas alcoólicas durante o expediente e manter encontros amorosos no horário de trabalho eram práticas corriqueiras. Acompanhar clientes em nightclubs – ou providenciar companhia feminina para eles – faziam parte do negócio. Ninguém controlava ou auditava as T&E expenses (travel and entertainement expenses), ou seja, as despesas de representação, onde cabia de tudo, desde bebida em barzinhos, almoços e jantares em restaurantes a escort girls e quartos de hotel. Mas por que eu me lembrei da série Mad Men justamente quando ia falar de Jorge Paulo Lehman e sobre o que podemos aprender com ele? Provavelmente por imaginar o que ele faria se comprasse a agência de publicidade da série (a fictícia Sterling Cooper & Partners). Acho que sua primeira providência seria arrancar todas as divisórias que isolam as salas dos diretores e gerentes. As mesas das salas dos diretores iriam para o lixo e todo mundo passaria a trabalhar em um "mesão" instalado no meio do salão. A quantidade de secretárias seria drasticamente reduzida e haveria a formação de um pool de secretárias. Em vez de uma secretária para cada diretor ou gerente, haveria uma secretária para dez ou mais pessoas. Não haveria mais como "fugir" no meio do expediente ou sair mais cedo. Despesas de representação seriam cortadas. A avaliação de cada funcionário seria feita por meritocracia e não mais por critérios subjetivos ou conchavos. A busca da eficiência, da avaliação por metas e o controle de custos viraria uma obsessão da empresa. Como no Garantia e demais empresas comandadas por Jorge Paulo.*

41 JOSEPH SAFRA

Joseph Safra, dono do Banco Safra, nasceu no Líbano no dia 1º de setembro de 1938. Ocupa a posição nº 2 entre os brasileiros mais endinheirados e o 56º lugar entre os mais ricos do mundo, com uma fortuna estimada pela revista Forbes em US$ 15,3 bilhões (novembro de 2015).

Joseph Safra, ou "seu José" ou simplesmente José, como ele permite e gosta de ser chamado pelos executivos e colaboradores mais próximos, é um homem discreto e avesso a publicidade. São raras as suas entrevistas e muito do que se sabe a seu respeito vem de relatos de pessoas que trabalharam ou conviveram com ele. Como acontece em casos assim, a maioria das fontes que fornece informações sobre a família Safra prefere o anonimato.

Acompanho a vida de "seu José" desde 1978. Neste livro, tomo a liberdade de chamá-lo de José. Tive o privilégio de estar com ele e de trabalhar direta ou indiretamente para ele e suas empresas financeiras por mais de 10 anos, no Brasil e no exterior. Além de José, convivi também com seu irmão Moise Safra (a quem sempre me referi como "seu Moisés") aqui no Brasil e, em duas oportunidades, participei de reuniões de trabalho com seu irmão mais velho, o lendário banqueiro Edmond Safra. Na década de 80, estive no escritório de Edmond na sede do Trade Development Bank (TDB) em Genebra e no seu majestoso apartamento no Edifício Pierre na 5ª Avenida, em Nova York, localizado a dez minutos da sede de seu banco americano, o Republic National Bank of New York. No Pierre, Edmond me recebeu na biblioteca de seu apartamento, um ambiente luxuoso repleto de livros antigos primorosamente acomodados em estantes de madeira de lei e com uma vista inacreditável para o Central Park. Minha missão: explicar a ele por que uma empresa extremamente lucrativa como sua empresa de leasing no Brasil apresentava prejuízo contábil em seus balanços. Como eu e o colega de banco que me acompanhava fomos mantidos nos nossos respectivos cargos quando retornamos ao Brasil, acho que fomos bem-sucedidos nas nossas explicações.

Se há uma palavra que está fortemente relacionada ao nome Safra, essa palavra é tradição. O slogan "Tradição secular de segurança" acompanha o Safra desde sempre. E qualquer matéria sobre o Safra invariavelmente destaca as origens do clã e o legado deixado por Jacob Safra, pai do trio Edmond, José e Moisés.

O clã dos Safra, formado por judeus originários da Síria, tem longa tradição em atividades financeiras. Os Safra viviam na cidade de Alepo – centro financeiro da Síria – e o primeiro banco da família, o Safra Frères & Cie, tinha filiais na Turquia, no Egito e no Líbano e financiava o comércio nos territórios do Império Otomano.

Com o fim da Primeira Guerra Mundial e o desmembramento do império, os Safra se mudaram para Beirute. Lá, o patriarca Jacob Safra abriu um novo banco e comprovou seu grande talento para ganhar dinheiro. Arbitragem era o seu forte, um verdadeiro dom que transmitiu aos filhos

Edmond e José. Jacob ficou conhecido pela sua grande habilidade de calcular "de cabeça" o câmbio das diversas moedas usadas nas rotas mercantis do Mediterrâneo. Também ganhou muito dinheiro em uma operação simples e lucrativa: a transação consistia em comprar moedas de ouro com a efígie de uma imperatriz – desvalorizadas em alguns países árabes onde existia preconceito sobre mulheres – e vendê-las por um valor mais alto em outras praças financeiras da Europa, Viena em especial (aliás, a palavra ouro sempre esteve associada à família. O nome "Safra" significa amarelo na língua árabe, lembrando o ouro). Entretanto, depois da Segunda Guerra Mundial e da criação do Estado de Israel em 1948, a perseguição aos judeus em Beirute e outras cidades do Oriente Médio intensificou-se, obrigando a família a se dispersar pelo mundo.

Jacob Safra casou-se com Esther Teira Safra, sua prima, e com ela teve nove filhos. Ele e membros de sua família mudaram-se para São Paulo em 1955. Pouco tempo depois fundou, com o filho Edmond, a financeira que mais tarde daria origem ao Banco Safra em 1967.

Nos anos à frente, os irmãos tomariam rumos diferentes. Em 1956, um ano após fundar a financeira no Brasil ao lado do pai, Edmond Safra decidiu vender sua participação aos irmãos e mudou-se para Genebra, na Suíça, determinado a fazer uma carreira solo no setor financeiro.

José Safra só chegaria ao Brasil em 1962. Ele completou seus estudos na Inglaterra e passou um período nos Estados Unidos (onde trabalhou no Bank of America) e na Argentina. Quando chegou ao país, aos 24 anos, já formado em administração de empresas, dominava seis idiomas: inglês, francês, espanhol, italiano, árabe e hebraico. Estava pronto para trabalhar na financeira fundada por seu pai e o irmão mais velho, uma empresa que navegava de vento em popa. Naturalizou-se brasileiro pouco tempo depois.

Edmond, com o produto da venda da financeira, fundou primeiramente o Trade Development Bank (TDB) em Genebra e, posteriormente, o Republic National Bank of New York, passando a comandar seus negócios com um pé na América e outro no Velho Mundo.

Segundo informações da imprensa especializada, José e Moisés casaram-se com mulheres elegantes, bonitas e discretas. Moisés casou-se com Chella Cohen Safra e com ela teve cinco filhos. José casou com Vicky Sarfati, que adotou o sobrenome do marido e lhe deu quatro filhos, Jacob, Esther, David e Alberto. Edmond foi casado com Lilly Watkins Safra, herdeira da rede de eletrodomésticos Ponto Frio e não teve filhos.

Edmond Safra tornou-se um banqueiro extremamente bem-sucedido e respeitado no mundo das finanças. Anos mais tarde, quando descobriu que estava doente, vendeu o TDB para a American Express e o Republic para o HSBC. Esta última negociação foi concluída poucos meses antes de falecer na sua casa em Mônaco, em decorrência de um incêndio criminoso provocado por um de seus enfermeiros. Uma tragédia que ainda gera combustível para teorias de conspiração. A história de Edmond Safra exige um capítulo só para ela, mas não temos esse espaço neste livro. Fica para um próximo.

A preocupação dos Safra com a cultura e os princípios fundamentais da família – bem como a reverência ao fundador Jacob Safra e o respeito aos seus valores e ensinamentos – estão e sempre estiveram presentes na sede e nas agências do Banco Safra. Fotos do patriarca estão ainda hoje em todas as sedes e escritórios, no Brasil e no exterior. Em alguns materiais de comunicação e, principalmente, no Relatório Anual do Banco Safra está presente um dos mais instigantes ensinamentos que José recebeu de seu pai, Jacob Safra:

Se escolher navegar os mares do sistema bancário, construa seu banco como construiria seu barco: sólido para enfrentar com segurança qualquer tempestade.

José Safra, sem jamais perder de vista os ensinamentos do pai e do irmão mais velho, mostrou ao longo dos anos uma capacidade extraordinária de ganhar e multiplicar dinheiro. Desde o início, como principal responsável pela gestão do Safra, cercou-se das melhores cabeças e, às atividades da financeira, logo vieram juntar-se banco comercial, banco de investimentos, distribuidora de valores, companhia de crédito imobiliário, companhia de leasing e uma seguradora. À frente dessas empresas, colocou profissionais top do mercado, muitos (mas muitos mesmo) com formação em engenharia e oriundos da Escola Politécnica da USP, a Poli. A profissionalização incluiu também a presidência, com a contratação do carioca Carlos Alberto Vieira, profissional com excelente prestígio no mercado financeiro, nos meios de comunicação e nos órgãos governamentais que regulam a atividade bancária.

Desde o começo, José e Moisés fizeram uma divisão de trabalho que, por décadas, foi muito boa para os dois. Moisés dificilmente palpitava sobre os assuntos do banco e, apesar de manter sua sala no Banco Safra, dedicava-se integralmente aos negócios da empresa Filobel Indústria Textil, em parceria com Rahmo Nasser, que era casado com sua irmã Evelyne. José, ao contrário, era 100% focado nas instituições financeiras Safra.

Os negócios tocados por José prosperam desde então, dentro e fora do país. Para os que se perguntam como é possível uma pessoa ganhar tanto dinheiro com um banco, tenho uma boa resposta: que tal um sopa de letrinhas formada com as palavras foco, talento, trabalho duro, determinação, visão de negócios, coragem, apoio da família, networking na comunidade judaica, trabalho em equipe e meritocracia reconhecida na boca do caixa?

Olhando para o passado, fica mais fácil de entender o sucesso dos Safra. Jacob e Edmond chegaram aqui trazendo na bagagem uma vasta experiência no setor. Seu conhecimento do mercado internacional era muito superior ao dos banqueiros brasileiros na época, o que, nos anos 60 e 70, facilitou sua atuação em um nicho de mercado onde podiam oferecer operações que eram desconhecidas por aqui.

Se a capacidade de José de enxergar além do horizonte já lhe dava uma inequívoca vantagem competitiva, imagine poder contar com o aconselhamento de um irmão-mais-velho-gênio-das-finanças chamado Edmond Safra e de seus bancos na Europa e EUA. Edmond se tornou um dos grandes protagonistas do mercado financeiro global e, durante décadas, até mesmo influenciou o preço do ouro nos mercados internacionais. No seu apogeu, operadores de todo o mundo esperavam que ele entrasse no mercado para depois fazer negócios. Era esse cara que todos os dias falava ao telefone com José.

Aqui no Brasil, nenhum banco era ágil como o Safra na concessão e precificação de crédito para as empresas do middle market. Adotando uma política de crédito conservadora, o Safra não descuidava das garantias e evitava a todo o custo o descasamento entre suas operações de captação e de empréstimo. Com isso, sempre tinha dinheiro para emprestar, contando com as linhas de crédito aprovadas no Trade Development Bank e no Republic National Bank of New York em condições competitivas, em razão de um status diferenciado que desfrutava nos bancos de Edmond e em muitos outros bancos de primeira linha.

#MomentoDevaneio: *Juntei-me ao time do Safra em 1978. Eu trabalhava havia seis anos em uma grande empresa industrial no bairro da Mooca, em São Paulo, e estava louco para dar um upgrade na minha carreira. Um dia, um dos meus estagiários "high potential" entrou na minha sala e me mostrou um anúncio de oferta de emprego que ocupava meia página do jornal "O Estado de São Paulo". Até hoje me lembro do conteúdo do anúncio, pois as qualificações exigidas para o cargo pareciam ter sido extraídas do meu currículo. Não deu outra: me candidatei ao posto e logo fui chamado para uma entrevista com um afamado head hunter da época. O cara era uma estrela, e espremeu-me em uma entrevista duríssima, mas eu saí de seu escritório com a nítida impressão que havia me saído bem. As semanas seguintes foram de decepção. Ao contrário do que esperava, não recebi nenhum telefonema do figurão. A cada toque do telefone, meu coração disparava. E nada. Quase um mês depois, quando eu nem me lembrava mais de ter feito a entrevista, recebi um telefonema do head hunter. Só então ele me revelou quem era o cliente e, na sequência, me disse que eu estava no páreo. As coisas aconteceram rápido. No dia seguinte, eu anunciei meu nome na recepção do Banco Safra na Rua XV de Novembro, 228, centro velho de São Paulo, e logo fui conduzido ao elevador de uso exclusivo da presidência e do comitê executivo do banco. Minutos depois eu estava na sala de um dos mais importantes executivos do Safra para uma entrevista de emprego. Com um misto de excitação e nervosismo, surpreedi-me com a decoração clássica da sala, com as poltronas e a mesa de madeira de lei com detalhes em couro, com os quadros de pintores impressionistas nas paredes. Mal sabia eu que voltaria a admirar aquelas pinturas quase todos os dias por mais de uma década. A proposta de trabalho e a possibilidade de carreira me cativaram na hora, assim como a oferta financeira, irrecusável. Duas semanas depois, em pleno feriado de 15 de novembro, tive minha primeira reunião com aquele que viria a se tornar o maior bilionário brasileiro alguns anos à frente. Além do diretor que se tornara meu novo chefe – e do próprio José, sua secretária e seus seguranças –, não havia mais ninguém no banco. Um ambiente perfeito para eu conhecer em detalhes a minha primeira missão: aperfeiçoar os mecanismos de contabilização e controle das despesas pessoais e dos investimentos de José Safra na pessoa física, consolidando essas informações em um autêntico balanço e em uma demonstração de resultados, com direito a apresentação da rentabilidade de cada classe de ativos comparada ao seu respectivo benchmark. Lembro que a reunião foi interrompida por uma ligação passada por sua fiel secretária. Era o alfaiate de José, que falava diretamente de seu ateliê em Milão. Com a maior naturalidade do mundo, José encomendou um novo smoking para usar em uma festa que seu irmão Edmond Safra ia dar em Paris. Em italiano perfeito, pediu que o alfaiate viajasse de Milão a Paris e se encontrasse com ele uma semana antes do evento, para uma primeira prova. Nesse momento, tive a percepção de que seria testemunha de muitos outros acontecimentos importantes. Algo muito grande estava por vir.*

Que José Safra ganhou (e ainda ganha) muito dinheiro com o banco comercial e as demais empresas Safra que atuam no setor financeiro não é segredo para ninguém. O que poucos sabem é que ele engordou muito o seu patrimônio investindo em imóveis e fazendo incorporações imobiliárias. Pode pesquisar: em qualquer cidade onde está presente, a agência do Banco Safra está localizada no melhor ponto comercial. Quando ele resolvia que um determinado imóvel ia ser seu, não havia quem o impedisse. Ele sabia como ninguém "farejar" imóveis que se tornariam valiosos. Essa extraordinária visão e capacidade para aproveitar oportunidades imobiliárias não se limitou ao território nacional.

Ele foi atrás e comprou, no exterior, imóveis que são verdadeiros ícones das cidades onde se localizam, como se verá mais à frente.

José também ganhou muito dinheiro na pessoa física com uma operação no mercado financeiro que se tornou emblemática. Segundo a revista EXAME, em maio de 1988, ao notar que o mês teria dois feriados e cinco fins de semana, percebeu que o rendimento da poupança seria muito melhor do que a rentabilidade das demais aplicações. José não pestanejou: sacou uma altíssima soma de dinheiro de suas aplicações em renda fixa no Safra e depositou a grana em uma caderneta de poupança da Caixa Econômica Federal (CEF). Ganhou muito dinheiro - e também um certo ódio da direção da CEF, que teve um baita prejuízo. A partir desse episódio, a CEF e os demais bancos começaram a restringir o depósito de altos volumes de dinheiro em uma única conta - ou em meses nos quais a poupança possa registrar uma rentabilidade atípica.

Mas nem tudo são flores na saga dos Safra. Alguns de seus investimentos na economia real não deram o resultado esperado. São exemplos o investimento na Safron-Teijin (Aratu, BA), no final da década de 70 (uma *joint venture* do grupo Safra com a Teijin Japão para atuar na indústria textil) e a participação minoritária em uma outra indústria têxtil de origem japonesa com sede em Sorocaba. Conheci os executivos dessa empresa, foi muito difícil trabalhar com eles. A empresa só dava prejuízo e, quando José se recusou a fazer novos aportes de capital, a participação do Safra na empresa foi diluída.

Ainda segundo a EXAME, em 1998 José investiu US$ 1 bilhão no setor de telecomunicações. Em parceria com outras empresas, criou a BCP e arrematou a concessão da chamada Banda B da telefonia celular em São Paulo. Quatro anos depois desistiu do negócio, que acumulava perdas bilionárias. Outra empresa na qual investiu e alguns anos depois passou para a frente foi a Aracruz Celulose, vendida para o Grupo Votorantim em 2009. Curiosamente, a Aracruz deu certo. A empresa, ainda em 1999, fez uma fusão com a VCP (também do Votorantim) e assim surgiu a atual Fibria, uma companhia de capital aberto que vai bem, obrigado.

Todas essas investidas na economia real podem ter roubado energia de José, mas não o suficiente para que ele interrompesse seu ímpeto empreendedor no Brasil e os planos de expansão de seus domínios além-mar, iniciados uma década antes.

A primeira incursão do Safra fora do país começou a ser planejada no final de 1980.

A *application* junto ao Federal Reserve para a abertura do hoje Safra National Bank of New York começou a ser feita por um dos advogados do Republic National Bank of New York, lá em Nova York, mas emperrou pela sua dificuldade de entender a maioria das informações que lhe chegavam do Brasil. José não teve dúvidas, despachou este escriba para Nova York para dar uma mãozinha ao advogado que estava cuidando da *application*, que precisava conter as informações relativas ao Safra no Brasil. Em pouco tempo, em trabalho a quatro mãos, o advogado e eu conseguimos finalizar o processo. A aprovação saiu em prazo recorde.

#EuMeLembroBem: *Esse trabalho* in loco *com o jurídico do Republic não foi o primeiro. Alguns anos antes, eu já tivera contato com o pessoal do Republic por conta de uma reunião de trabalho com o executivo Jeff K. em novembro de 1979. Jeff soube que eu estava em Manhattan, de férias, e conseguiu me localizar no hotel, um dia antes da data programada para meu retorno ao Brasil. Ele me convidou para almoçar e acabamos fazendo um reunião de trabalho no período da tarde. A reunião foi tão produtiva que ele me convocou para uma nova rodada no dia seguinte, agora com Walter W., presidente do banco. Usei todos os argumentos que podia para fugir da reunião: disse que estava acompanhado de minha esposa e de um casal amigo; que ainda queríamos visitar alguns pontos de interesse de Manhattan; e que precisávamos de tempo para resolver o que fazer com nossa bagagem composta por 18 volumes, três dos quais estavam ocupados com uma gigantesca árvore de natal comprada anos antes para a família – e que ninguém conseguira despachar para o Brasil. Jeff fez então uma oferta que julgou irrecusável. Disse que ia mandar uma limusine para nos levar para o aeroporto e que, enquanto eu me reunisse com a direção do banco, o motorista da limo levaria minha mulher e o casal amigo para passear pela cidade. Eu, delicadamente recusei: falei da quantidade "indecente" de malas que a gente tinha e disse que elas não caberiam na limusine. Então, ele quebrou minha resistência: disse que mandaria uma segunda limusine só para levar as malas. E assim foi: no final do dia, nós quatro, dentro da limousine preta, fomos escoltados pela cidade em direção ao aeroporto JFK por uma linda limo azul metálico, repleta de malas. Coisa de filme, para a gente se sentir no topo do mundo. Em tempo: a reunião com o presidente e o CEO do Republic foi ótima, mas eu preciso contar uma coisa. Sabendo que o Jeff se vestia de modo impecável, resolvi caprichar na minha indumentária. Assim, coloquei de lado minha calça de brim cargo bege e tirei da embalagem o terno italiano Cerutti que havia comprado poucas horas antes na Bloomingdale's (um terno que eu pretendia estrear em um casamento em São Paulo). Improvisamos a barra da calça com fita crepe do lado de dentro e mandamos repassar a ferro as marcas de uma camisa social que eu acabara de comprar na Bergdorf Goodman. Também tirei da embalagem um sapato Bally novo em folha e escolhi a gravata Hermès que melhor combinava com o azul-marinho do terno. Pronto, eu não me sentiria mais um estranho no ninho. Depois das apresentações de praxe, fomos ficando mais à vontade. Jeff foi o primeiro a tirar o paletó. Eu hesitei, esperando o movimento de Walter, o presidente. Quando ele fez menção de tirar seu paletó, eu o acompanhei. A cena que se seguiu foi surreal: Walter estava com uma camisa incrivelmente amarrotada, muito amassada mesmo. Eu juro que vi um sorrisinho maroto se desenhar nos lábios do Jeff quando ele olhou para a camisa do Walter e depois para a minha. O branco puro das nossas camisas de fio egípcio e colarinho italiano contrastava demais com o branco "bege" da camisa de algodão grosso do Walter, aquelas com 2 botõezinhos no colarinho. Na hora pensei: esse cara não tem esposa? Pensam que ele notou a diferença? Que nada, fomos em frente com a reunião, que se revelou agradável e produtiva. Definitivamente o hábito não faz o monge. O presidente do Republic National Bank of New York era ocupado demais para se preocupar com os amassados de sua camisa.*

A inauguração do Safra National Bank of New York ocorreu em 1981, assim que foi recebida a aprovação do Federal Reserve e do FDIC

(Federal Deposit Insurance Corporation). Com sede no coração de Nova York, o banco começou a atuar no segmento de private banking, com filiais na Flórida e escritórios no México, Panamá e Brasil. Quatro anos depois, fui convocado para uma nova missão no exterior.

#EUMELEMBROBEM: *Em junho de 1985, em uma segunda-feira, José me convocou para uma reunião em sua sala. Ele foi direto ao ponto: perguntou se meu passaporte estava com o prazo de validade em ordem. Eu disse que sim e ele retrucou: "Ótimo, então você embarca com o Almeida (colega de diretoria) para Luxemburgo no próximo fim de semana. O Marques, que já está lá, precisa de ajuda para começar um novo banco. Até agora só temos a autorização do governo e o nome do banco, mais nada. É preciso alugar uma sede, comprar móveis de escritório, contratar gente, comprar sistemas de contabilidade e de processamento de conta--corrente e investimentos etc. O Almeida vai com você, mas, como ele não fala inglês nem francês, não desgrude dele. Ligue para o Marques e se vire. Leve roupa para seis meses". Tentei argumentar que estava com férias marcadas para o mês de setembro, com passagens compradas e pagas para um cruzeiro pela ilhas gregas. Ele foi rápido e disse que se esse era problema estava resolvido. "Você vai agora e eu mando sua mulher depois. De lá, vocês tiram uma semana e fazem o cruzeiro. As passagens ficam por conta do banco." Assim, uma semana depois, o Almeida e eu desembarcamos no pequeno aeroporto de Luxemburgo, acho que era menor do que o antigo Viracopos. Nós nos entreolhamos e nosso pensamento foi o mesmo: o que é que estamos fazendo aqui? O Banque Safra Luxembourg começou a funcionar três meses depois, no último andar da sede de um banco local, um daqueles Banque Générale da vida, não me lembro mais. O acionista controlador era amigo de Edmond Safra e, a seu pedido, emprestou o espaço para o novo banco do José, mais alguns móveis e duas linhas telefônicas. O Marques já tinha contratado uma secretária, madame Cames, uma luxemburguesa não exatamente simpática que não deixava ninguém chamá-la pelo primeiro nome. Tinha uns 35 anos, mas, como se vestia como uma velhinha, parecia que tinha 50. Falava bem melhor luxembur-*

guês e francês do que inglês, o que fez da vida do Almeida um inferno. Pelo menos ela era eficiente e me ajudou a comprar um fax, uma máquina de escrever com memória e todo o restante do material de escritório básico. Uma semana depois, fechamos um contrato com a Compagnie Fiduciaire, que ficaria responsável por contabilizar as transações do banco. Também sobrou para mim mandar fundir uma placa de metal com o nome do banco, que foi colocada na parede externa do edifício, junto das placas de outros bancos que tinham endereço naquele prédio. Todos os dias eu saía do Hotel Le Royal – um elegante 5 estrelas situado a apenas 450 m da Place d'Armes, o lugar mais "buchichado" de Luxemburgo no verão – e ia direto para a Compagnie Fiduciaire retirar os relatórios processados durante a noite. Depois que o banco começou a funcionar, o fax não parou mais de receber pedidos de abertura de conta. Apesar da rotina diária pesada e dos desafios a enfrentar, eu não podia me queixar. Meu francês ia melhorando a cada dia. A minha professora de francês, além de ser ótima, também me garantiu algumas mordomias no Hotel Le Royal, pois era esposa do gerente. Além do mais, eu estava feliz por estar de carro "novo", uma BMW 528i seminova que havia sido emprestada pela concessionária para o Marques enquanto não chegava a BMW zero do José, que ele havia encomendado para o banco. Não lembro mais por qual razão, mas o carro novo chegou antes do que o previsto e eu acabei ficando com o "velho". A BMW não era automática, tinha 5 marchas e era um canhão. Os caras que projetaram o câmbio e o diferencial estão de parabéns: eu não sei como é que eu não destruí o carro. Uma das minhas diversões favoritas nos fins de semana era sair da cidade em direção a cidadezinhas próximas, como Viandem e Ettelbruck, utilizando pequenas estradas secundárias. Como havia pouco movimento, eu simplesmente parava o carro no meio do nada, engatava a primeira marcha, levava o motor para 7.000 rpm e tirava o pé da embreagem. É o que chamamos de arrancada, uma coisa deliciosa para qualquer amante da velocidade, bem da época do politicamente incorreto. Eu fazia questão de cronometrar quanto o carro acelerava de 0 a 100 km por hora, mesmo sabendo que ia dar menos de 8 segundos. Os pneus Michelin macios aguentaram bem, soltavam fumaça quando eu arrancava. Um tesão. A

BMW era muito estável e segura – dava para viajar a 200 km por hora em velocidade de cruzeiro. Nas autobahns alemãs, onde não havia limite de velocidade, eu conseguia dar um calor na maioria dos carros mais rápidos, mas tomava um pau danado dos Porsches, Mercedes e BMW mais novas, mesmo quando estava a 210 km por hora. Dá para entender por que eu viajava para um lugar diferente a cada fim de semana? Cansei de pegar a estrada no final do expediente de sexta-feira. Enquanto isso, meu colega Almeida permanecia feliz em outra sintonia. Ele não gostava de viajar, era difícil arrastá-lo para algum lugar. Então ele preferia ficar pela cidade, em geral jogando xadrez com um brother português com quem ele fizera amizade (em Luxemburgo, os portugueses representam 10% da população). Com isso, mesmo sem falar francês, ele não teve nenhuma dificuldade para se comunicar. Na outra ponta, Marques mantinha uma vida própria, descolada da nossa, com uma atividade social intensa, procurando fazer networking e se "infiltrar" na fechada sociedade luxemburguesa. Quanto a mim, decidi voltar a pedalar e cair na estrada sempre que pudesse. Nas sextas-feiras, eu preparava uma malinha e a deixava no porta-malas do carro para rapidamente escapar da cidade no final do expediente (às vezes formava-se uma fila de carros nos principais pontos de saída da cidade). Eu normalmente saía do banco às 6 horas da tarde e, não raro, às 8 horas da noite já estava jantando em alguma cidade diferente. Era só abrir o mapa de Luxemburgo e escolher um destino, para o norte, sul, leste e oeste. Bruxelas (Bélgica) e Estrasburgo (França) ficavam a 2 horas de carro (de BMW, claro, mandando o sapato na estrada). Ainda na França, a histórica Metz, na região da Lorraine, ficava a 1 hora. Paris, um pouco mais longe, podia ser alcançada em 3 horas e meia. A cidade alemã mais próxima, a charmosa Trier, ficava a 45 minutos. Frankfurt também não era muito longe, cerca de 2 horas e meia de BMW. No interior de Luxemburgo, cidadezinhas cheias de vida, como Viandem, podiam ser alcançadas em 20 minutos. Assim, atividades como jantar na Grand Place, em Bruxelas, almoçar em Trier, na Alemanha, tomar um chá no sábado à tarde em Estrasburgo ou tomar um café da manhã em Berna, na Suíça, acabaram se tornando rotina – ainda mais quando a Place D'Armes per-

*deu parte de sua graça com a fuga dos turistas no final do verão. E, por falar em verão, vale contar que desde o começo dessa "temporada europeia" fui contagiado pelo saudável hábito de pedalar. Comprei uma bicicleta de corrida Peugeot, uma speed levíssima, branca metálica pintada à mão, com a qual costumava fazer um treino de manhãzinha, até sair da cidade e entrar na zona mais rural. No final de setembro de 1985, quando eu já havia voltado do cruzeiro pelas ilhas gregas com minha mulher, José e Vicky Safra apareceram para uma visita ao banco. Quando ele viu minha bicicleta, ficou louco. Resultado: no dia seguinte, fui à loja e encomendei mais duas, uma para ele, outra para Vicky. Ambas equipadas como a minha, mas na cor vinho. O casal Safra adorou, naquela época não existia nada parecido no Brasil. É claro que sobrou pra mim trazer as três bicicletas para o Brasil e enviá-las para o Guarujá. No banco, o trabalho ia de vento em popa. Seis meses depois, a estrutura administrativa local já estava completa e o executivo financeiro recrutado para tocar a parte administrativa do banco dali para frente aterrissou de paraquedas em Luxemburgo. O cara tinha feito um bom trabalho no Republic National Bank of New York e contava com a simpatia de Edmond Safra, que o "indicou" a José. Conforme previsto, não demorou muito para ele começar a questionar os custos do banco e, claro, a implicar com nossos gastos de hospedagem e alimentação, as famosas "T&E Expenses" (*travel and entertainement expenses*). Por isso, de comum acordo, resolvemos cortar certas despesas. Assim, acabei saindo do Hotel Le Royal e indo para um flat perto da praça principal – o que se revelou uma boa ideia, pois me deu ainda mais privacidade. Com a chegada do frio, reduzi o ritmo das viagens de fim de semana, cortei uma estrela dos restaurantes e, sabendo que meu trabalho ali estava praticamente finalizado, comecei a contar os dias para voltar ao Brasil, esperando que minha sala na Avenida Paulista não tivesse sido ocupada. Não estava. Assim, voltei e nela permaneci até 1989, quando aceitei o desafio de participar do projeto de implantação do primeiro private bank estrangeiro em solo brasileiro, o Citibank Private Bank. Olhando para o passado, todo mundo saiu lucrando. Meus colegas e eu tivemos uma extraordinária experiência trabalhando fora do Brasil, o executivo nova*

-iorquino encontrou uma instituição financeira redondinha para tocar e José, que nos deu carta branca desde o início do projeto, só tem motivos para comemorar: hoje, seu banco com sede em Luxemburgo chama-se Banque J. Safra Sarasin (Luxembourg) SA. e tem cerca de 200 bilhões de dólares de ativos sob gestão. Awesome.

Depois dessa longa viagem ao passado, peço desculpas por entrar na história de José falando sobre minha experiência, sem ao menos pedir licença. Mas, como este é um livro sobre construção de riqueza, fiquei empolgado e contei um pouco sobre como construí a minha.

Sobre a vida pessoal de José, todos os que se aventuraram a escrever sobre ele concordam: ele e os demais membros do clã Safra são extremamente discretos e avessos a publicidade. Por isso, não é fácil obter detalhes de sua vida fora do banco. A blindagem em torno de José e de sua família funciona. Segundo a revista EXAME, ele morava com a esposa Vicky em sua casa no bairro do Morumbi até o final de 2014, uma mansão com 11.000 m² de área construída, edificada em terreno de 22.000 m². Ainda segundo informações de domínio público, a casa tem 5 andares, 100 cômodos, duas piscinas, nove elevadores e heliponto. Avaliada em mais de US$ 100 milhões, é considerada a casa mais valiosa do Brasil. No final de 2014, a imprensa noticiou que José e Vicky teriam se mudado para Genebra, na Suíça. A informação me parece correta, mas é certo que a casa do Morumbi continua sendo mantida como se José estivesse lá todos os dias. Assim, prefiro acreditar que ele vai manter um pé aqui e outro no Velho Mundo. Sempre que está por aqui, ele continua usando seu helicóptero para se deslocar do Morumbi até a sede do Banco Safra na Avenida Paulista. Lá, no 22º andar do majestoso prédio de granito capão bonito, ele despacha e almoça com os filhos e executivos que comandam o banco comercial e outras áreas de negócios no Brasil. O cardápio casher no restaurante do banco (preparado segundo as tradições judaicas) inclui arroz, batatas e, é claro, filé de peixe de excelente qualidade (houve um tempo em que havia também arroz integral, hoje não sei). Salvo engano, José deve continuar falando muito ao telefone.

No passado, aqui no Brasil, em uma época em que não existia celular, ele se comunicava com os principais executivos do banco através de rádio. Ligava de casa e do carro, muitas vezes antes das 9 horas da manhã, ai de quem não estivesse a postos na sua mesa de trabalho. Hoje, com a facilidade do celular, com certeza ele liga para a Suíça todas as manhãs para falar com seu filho Jacob ou outros executivos para acompanhar os mercados. Se você acha que o viu saindo do Banco Safra vestindo um terno bege ou marrom, enganou-se. Não era ele. Além de não sair mais à rua, como fazia nos bons tempos vividos no centro velho de São Paulo, José está sempre de terno azul-marinho, impecável. Acerta quem apostar que o terno foi feito pelo seu alfaiate italiano e que seus sapatos pretos de pelica macia foram feitos sob medida por algum artesão italiano em endereço próximo à Via Condotti, em Roma. José torce pelo Corinthians e quando seus filhos eram menores costumava levá-los ao estádio. Quem acha que ele está sempre sério, nunca dá risada e não se derrete com os netos está completamente enganado.

#EuMeLembroBem: *Conheci o lado irreverente e brincalhão de José nas reuniões do lendário Comitê Fiscal do Safra. Era nessa esfera que eram decididas e estruturadas as grandes operações que podiam fazer o banco ganhar muito dinheiro. Munidos do MNI do Banco Central (um manual impresso com 10 cm de altura que tinha todas as normas e instruções do BC), quatro advogados se juntavam aos membros permanentes do comitê para aprovar ou desaprovar operações propostas pela diretoria executiva. José sempre aparecia no comitê e, não raro, sugeria ações e estratégias sobre as quais ninguém havia pensado. Como nunca ficava até o final da reunião, ele adorava surrupiar a maleta de um dos presentes, para em seguida escondê-la em outro lugar ou na sua própria sala. Era um de seus passatempos preferidos. O dr. Roberto e o dr. Alcides eram alvos preferenciais. Ao final da reunião, a cena era sempre a mesma: um advogado ou um consultor independente desesperado, procurando a maleta ou uma pasta misteriosamente desaparecida. Nós, como cúmplices, dávamos corda, nunca sabíamos de nada, ajudávamos a procurar, inocentávamos José quando as suspeitas recaiam sobre ele... até que algum tempo depois a maleta aparecia em um lugar improvável. Houve também um "apronto" de José para cima do dr. Roberto, que entrou para as lendas. Aconteceu ao final de uma dessas reuniões. O banco tinha um Opala quatro portas preto e o José, por cortesia, costumava mandar seu motorista levar o dr. Roberto para casa nesse carro. Às vezes o motorista parava o carro na Rua Boa Vista, em outras ocasiões ficava esperando na Rua XV de Novembro, em pleno calçadão. Quando o dr. Roberto perguntou onde estava o carro que o levaria, José conduziu-o até a janela de sua sala no primeiro andar e mostrou o Opala preto no calçadão, em frente ao banco. O dr. Roberto se despediu de todos, desceu, atravessou a rua, entrou no carro pela porta traseira e pediu ao motorista que o levasse para o Alto de Pinheiros. O motorista delicadamente disse que não, pois era funcionário de um vereador da Câmara Municipal. Surpreso e sem graça, o dr. Roberto abriu a porta, desceu do carro, olhou a placa e viu que tinha entrado em um carro oficial. Ao olhar para o prédio do Safra, notou toda a galera do comitê fiscal se esborrachando de dar risada, José à frente. O carro da Câmara de Vereadores era idêntico ao do banco. Só restou ao dr. Roberto rir também da brincadeira.*

A sucessão de José começou a deslanchar a partir de 2006, após a finalização do processo de compra da participação do irmão Moisés no Banco Safra. Antes mesmo de esse processo terminar, José decidiu criar um novo banco e entregar a gestão aos filhos. Assim, em 2004, nascia o banco J. Safra, que passou a disputar o mesmo mercado do Safra. Dois anos depois, Moisés considerou que era melhor vender sua parte ao irmão do que enfrentar um eventual esvaziamento do seu banco. No final de 2012, o processo de sucessão se acelerou e José começou a entregar o poder aos seus filhos homens. A profissionalização do banco, que se iniciara alguns anos antes com a contratação de Rossano Maranhão para a presidência, começou a ganhar contornos definitivos. Maranhão, ex-presidente do Banco do Brasil, ocupou o lugar de Carlos Alberto Vieira, que foi para o conselho de administração. Hoje, sem medo de errar, pode-se dizer que o poder está nas mãos de Jacob, Alberto e David Safra. E, ao que tudo indica, os três têm nas veias o mesmo DNA de banqueiro do pai, do tio e do avô.

Jacob, o filho mais velho de José, mora na Suíça e cuida das operações do Safra no exterior. O Safra não para de crescer lá fora. Hoje detém o controle de vários bancos independentes nos Estados Unidos, na Europa, no Oriente Médio, na América Latina e no Caribe que atuam no segmento de private banking. Jacob é formado em finanças pela Wharton, a escola de negócios da Universidade da Pensilvânia, nos Estados Unidos. Alberto, o filho do meio, também é formado pela Wharton. Trabalha no Banco Safra desde os 15 anos de idade e atualmente é o principal executivo do banco comercial. David, o mais novo, passou por Wharton como os irmãos e, atualmente, responde pelo banco de investimentos e a corretora. Esther, a única filha de José, é casada com um banqueiro, mas não fez carreira no mercado financeiro. Assim, hoje, dedica-se à escola bilíngue judaica Beit Yaacov, em São Paulo.

Embora José também adote uma postura discreta quando o assunto é filantropia, às vezes é difícil manter segredo e suas iniciativas acabam vindo a público. José é reconhecido como um homem generoso e, quando se colocam na ponta do lápis as suas ações filantrópicas, o conjunto da obra realmente impressiona. Veja esses exemplos. O Safra ajudou no projeto e bancou as obras de uma elegante sinagoga em São Paulo, patrocinou a construção de alas e pavilhões inteiros do Einstein e doou uma infinidade de recursos para igrejas, museus, obras assistenciais e escolas. Algumas iniciativas tiveram grande repercussão, como a doação de esculturas de Rodin para a Pinacoteca de São Paulo e a doação do manuscrito original da Teoria da Relatividade de Einstein para o Museu de Israel, em Jerusalém.

Saindo do macro e voltando para o micro, ele não hesitava em ajudar quando o assunto era saúde. Eu vi José mandar para Cleveland, nos Estados Unidos, um executivo que precisou de um transplante de coração na época em que o Brasil ainda não era referência nesse campo. Tudo pago por ele. Eu vi José bancar caros tratamentos contra o câncer para executivos de médio escalão, no Brasil e nos EUA. Um deles não falava inglês. José o despachou para Nova York com uma de suas secretárias bilíngues, que o acompanhou durante a operação e o tratamento.

Mas, por que falamos tanto de José mesmo sabendo que é praticamente impossível ficar bilionário como ele? José está presente aqui neste livro não apenas pela sua posição no ranking dos bilionários, mas também porque encara o trabalho de uma forma diferente. Ele não trabalha para viver, ele vive para trabalhar – e enquanto a saúde permitir não vai parar tão cedo. Quando todo mundo achava que ele tinha puxado o freio de mão, aos 75 anos de idade ele anunciou a compra da empresa norte-americana Chiquita, a maior produtora de bananas do mundo, em parceria com a Cutrale, maior produtora brasileira de suco de laranja. Valor do negócio: US$ 1,3 bilhão. E que tal isso? Em outra transação de impacto mundial, aos 76 anos de idade, José comprou o edifício Gherkin, o segundo mais alto de Londres. O Gherkin é um prédio com 180 metros de altura que se tornou ícone da paisagem da cidade. O edifício tem a forma de um pepino gigante e a compra desse símbolo arquitetônico londrino surpreendeu tanto pelo valor quanto pelo comprador. O jornal britânico Financial Times estima que o Safra pagou 726 milhões de libras (R$ 3 bilhões) pelo prédio de 50.000 m^2, que tem inquilinos de renome, como a seguradora Swiss Re e o escritório de advocacia Kirkland & Ellis LLP.

Antes de encerrar, volto a enfatizar os valores que sempre acompanharam José ao longo de sua trajetória de sucesso. Mesmo que você não possa praticar todos eles, pratique os que puder. Assim como José, acredite na sua intuição, no seu talento e desenvolva a sua visão de negócios. Trabalhe duro, com foco e determinação. Cerque-se de pessoas inteligentes, competentes e com desejo de vencer. Aprenda a dividir para poder somar. Forme uma equipe competente, leal e fanática pelo trabalho. Remunere de acordo com a meritocracia. Pense bastante antes de uma decisão importante e tenha coragem para honrar seus compromissos. Conquiste o apoio e o respeito da família para realizar seu trabalho e nunca desista dos seus sonhos. Lembre-se sempre: todo mundo sonha, mas o que você faz com seus sonhos é que faz a diferença.

BÔNUS: *Em 1985, em pleno verão europeu, dois meses após nossa chegada a Luxemburgo, José convidou Marques, Almeida e eu para passar o fim de semana na Côte d'Azur, uma das regiões mais bonitas do litoral*

sul da França, no Mar Mediterrâneo. Convite aceito, embarcamos no aeroporto de Luxemburgo com destino a Nice em uma sexta-feira. No verão, existem vários voos extras para Nice, facilitando a vida dos endinheirados que apreciam o sol, o mar e a badalação da riviera francesa. José estava hospedado no Hotel du Cap-Eden-Roc, o lendário hotel escolha número 1 dos bilionários de todo o mundo e também das estrelas de cinema que vêm para o Festival de Cannes. O hotel dispõe de luxuosas suítes e vilas construídas em cenário de filme, com vista para o azul-turquesa do Mar Mediterrâneo. Detalhe: a propriedade nem sempre foi hotel. Ela era a antiga Villa Soleil, uma mansão particular construída em 1870 por Hippolyte de Villemessant, fundador do jornal Le Figaro, frequentada por ele e seus amigos escritores "em busca de inspiração". Em 1887, o hoteleiro italiano Antoine Sella comprou a propriedade e a transformou no Hotel du Cap de hoje. O hotel mantém dois restaurantes, ambos espetaculares, mas foi no Eden-Roc Restaurant que José nos recebeu. Falamos dos progressos à frente do banco e, pouco tempo depois, começamos a falar de amenidades e da beleza do lugar. José nos contou, empolgado, da viagem que fizera a bordo do iate do irmão Edmond pela costa azul, passando por Cannes, Nice, Mônaco e terminando em Portofino, na Itália. "Vocês conhecem Portofino?" O Almeida disse que não. O Marques e eu dissemos que sim. Na verdade, eu estivera na cidade no verão do ano anterior, quando minha mulher e eu passamos um período de férias na Itália. "Então está resolvido: você levam o Almeida para conhecer Portofino." Eu, que estava ansioso para pegar uma praia e explorar as atrações de Juan-les-Pins (uma cidadezinha descolada à beira-mar, ao lado de Cap d'Antibes, frequentada por gente interessante e bonita), não gostei nada da ideia de cair em uma estrada e fazer um bate-volta até Portofino. "É longe, 'seu' José, são mais de duas horas de viagem." Tentei argumentar, também, que ia ser muito desagradável viajar no nosso carro alugado de última hora, que nem ar-condicionado tinha. "Se esse é o problema, façam o seguinte: vão com a minha Mercedes." Dito e feito, não deu mais para argumentar. No dia seguinte, pegamos a estrada e duas horas e pouco depois entramos em Portofino. Quem disse que encontramos lugar para estacionar o carro? Em Portofino, a estrada acaba em uma praça que se estende até a marina – e, se você não acha uma vaga na hora, simplesmente tem que voltar por onde veio. Não dá nem para parar em fila dupla. Por sorte, era hora do almoço. O Marques não hesitou: acelerou a Mercedes e subiu a rampa do melhor hotel da cidade, o Splendido, o preferido das celebrities que visitam a cidade, localizado em uma colina com vista para o mar e a marina de Portofino. Almoçamos na piscina do restaurante do hotel, o Terrace, curtindo uma paisagem realmente inspiradora. Voltamos no final da tarde e à noite fomos arriscar uns trocados no cassino de Montecarlo. No dia seguinte, fomos devolver a Mercedes e almoçar com José, que desta vez estava acompanhado do filho mais velho, Jacob, e da esposa, Vicky Safra. No cardápio, salmão enviado pelo irmão Edmond Safra diretamente para o restaurante, com instruções para ser preparado e servido para nós pessoalmente pelo chef. A sra. Safra vestia um lindo vestido branco com estampas azul-turquesa. Após o almoço, todo mundo foi convidado para passar o resto da tarde na piscina, para aproveitar o sol que só iria embora lá pelas 9 horas da noite. No final do dia, decidimos voltar ao nosso hotel e, enquanto aguardávamos a chegada do carro no valet, chegou uma Lamborghini branca que parou e abriu as suas portas em forma de asa de gaivota bem na nossa frente. Dela, saíram um jovem xeique árabe usando um turbante xadrez branco e vermelho e sua acompanhante, uma moça lindíssima, que vestia... um lindo vestido branco com estampas azul-turquesa, idêntico ao usado por Vicky Safra no almoço. Ela nunca soube dessa história.

42 Antônio Ermírio de Moraes (*in memoriam*)

Quantas pessoas devem tudo ao trabalho e pioneirismo dos Ermírio de Moraes? Quantas famílias devem sua saúde ao trabalho incansável do dr. Antônio Ermírio de Moraes à frente do Hospital Beneficência Portuguesa, onde comparecia todo santo dia?

O livro *Antônio Ermírio de Moraes – memórias de um diário confidencial*[9], de autoria do professor José Pastore, é leitura obrigatória para todos que desejam conhecer a história de vida e a trajetória profissional do dr. Antônio Ermírio de Moraes à frente do Grupo Votorantim. Falecido em 2014, aos 86 anos, o dr. Antônio chegou a ser o maior bilionário brasileiro no seu apogeu e continua sendo reverenciado como um dos maiores industriais que o Brasil já teve. Será sempre lembrado pelo papel estratégico na construção e modernização do Hospital Beneficência Portuguesa e pelo apoio a uma infinidade de entidades, como a Apae, o Instituto de Cegos Padre Chico e a Basílica Nossa Senhora Aparecida.

Além de atuar na gestão da Beneficência Portuguesa, ele sempre deu muita atenção pessoal aos pacientes. Até se afastar por motivo de saúde em 2009, podia ser visto todas as noites nas enfermarias do hospital, conversando com os doentes, para os quais sempre tinha uma palavra de conforto. Dizia que aquelas visitas eram o alimento de sua alma.

O dr. Antônio Ermírio é um daqueles casos de sucesso nos quais a família desempenhou um papel fundamental. Seus genitores, José Ermírio de Moraes e Helena, marcaram a criação dos filhos com valores profundos nos campos da ética, da moral e da fraternidade. José Ermírio pai, que se tornou um empresário respeitado graças ao seu trabalho nos primórdios da Votorantim (fábricas de cimento, cal e tecidos), bancou a ida do filho à mesma escola em que estudara nos Estados Unidos, a Colorado School of Mines – localizada na pequena cidade de Golden, no Colorado. Aos 21 anos, já formado, voltou ao Brasil para atender uma proposta "irrecusável" feita pelo pai: trabalhar na Votorantim, sem receber salário no primeiro ano.

Desde então, a história de vida de Antônio Ermírio não pôde mais ser dissociada da história do Grupo Votorantim. Dono de um estilo inconfundível à frente dos negócios – era proativo, tomava decisões rápidas, corajosas e com objetivos estratégicos, além de exigir resultados – foi um dos principais responsáveis pela grande expansão do Grupo Votorantim, que hoje conta com mais de 60 mil funcionários, atuando no setor financeiro e nas áreas de cimento, celulose, papel, alumínio, zinco, níquel e aços longos.

Durante toda a vida, Antônio Ermírio participou ativamente dos principais movimentos de desenvolvimento e democratização do Brasil, com um engajamento direto e pessoal em inúmeras campanhas voltadas para a geração de emprego e melhoria da educação e da saúde do povo brasileiro.

Crítico implacável da especulação financeira e dos altos juros praticados no Brasil, costumava reagir com indignação sempre que o Comitê de Política Monetária (Copom) do Banco Central promovia uma alta da taxa básica de juros da economia, a taxa Selic. Achava que o governo privilegiava o setor financeiro em detrimento da indústria e do comércio. Mas, pragmático, fundou o próprio banco, o Votorantim, para driblar os altos juros cobrados pelo mercado e facilitar o acesso das empresas do grupo ao mercado financeiro.

Em 1986, candidatou-se ao governo do Estado de São Paulo, mas ficou em segundo lugar, perdendo para Orestes Quércia. Desiludido, optou por deixar a política.

E, como o dia parecia ter mais de 24 horas para ele, escrevia para jornais e revistas de âmbito nacional. Apaixonado pelo teatro, escreveu três peças: "Brasil S/A" (sobre o mundo financeiro), "SOS Brasil", sobre a saúde em nosso país e "Acorda Brasil", sobre educação. Tinha paixão pela música erudita e patrocinou apresentações do maestro Silvio Baccarelli no salão nobre do Hospital Beneficência Portuguesa. Detalhe: os concertos incluíam apresentações musicais de crianças retiradas das ruas de Heliópolis, um dos bairros mais carentes de São Paulo. No dia a dia, ignorava as críticas e gozações dos amigos por usar ternos antigos e amarrotados. Camisas com colarinhos que sempre pareciam pequenos demais – e não raro permaneciam a maior parte do tempo desabotoados – e gravata torta completavam seu visual. Durante muitos anos, o empresário dispensou a escolta de seguranças e dirigiu o próprio carro. Nada de automóvel de luxo ou do ano, muito menos blindado ou com insulfilm nos vidros. Não raro, tomava táxi como qualquer outro paulistano, sempre sentando no banco da frente para puxar conversa com o taxista. Quando perguntado o que realmente gostava de fazer e o que lhe dava satisfação, a resposta era sempre a mesma: "O que me dá satisfação é trabalhar, investir e gerar emprego".

O dr. Antonio, mesmo quando já era bilionário, continuou trabalhando bastante. Aprendemos com ele valores éticos, honestidade, firmeza de propósitos e o quanto a determinação é importante para a realização de objetivos. Quanto mais ficava rico, mais ele se preocupava com os menos favorecidos. Por sua iniciativa, a Beneficência Portuguesa passou a ter 60% dos seus serviços à disposição dos pacientes carentes e conveniados com o Sistema Único de Saúde (SUS).

Em 2006, problemas de saúde obrigaram-no a afastar-se do dia a dia da Votorantim e da Beneficência Portuguesa, impedindo-o de fazer o que mais gostava: trabalhar e ajudar as pessoas.

Antônio Ermírio de Moraes faleceu em São Paulo, de insuficiência cardíaca, no dia 24 de agosto de 2014.

43 AMADOR AGUIAR (*IN MEMORIAM*)

Amador Aguiar foi o principal responsável pelo extraordinário crescimento do banco Bradesco. Ao contrário de todo banqueiro típico de Wall Street, Aguiar não fez faculdade, muito menos MBA em finanças. Teve uma educação escolar precária, pois aos 13 anos foi obrigado a abandonar os estudos para ajudar o pai, com quem começou a trabalhar na lavoura de café de uma fazenda em Sertãozinho (SP). O trabalho braçal e, segundo dizem, o difícil temperamento do pai, levaram o menino Amador Aguiar a tomar a decisão de fugir da fazenda e tentar a sorte no município de Bebedouro (SP). Até arranjar uma ocupação em uma tipografia local, dormiu várias vezes em um dos bancos da praça da cidade. Passou fome.

Seu primeiro emprego em uma instituição financeira foi no antigo banco Noroeste (incorporado ao banco Santander em 1999). Cargo: contínuo. Isso mesmo: aquele que se tornaria responsável pelo nascimento do maior banco brasileiro começou como estafeta ou officeboy. Quer melhor exemplo do real significado do que é começar de baixo?

A saúde precária - Amador Aguiar tinha asma - não o impediu de trabalhar duro. Nas poucas horas de folga, estudava tudo o que podia sobre operações bancárias e aos poucos seu trabalho foi sendo reconhecido e ele passou a levar uma vida mais confortável ao alcançar um cargo mais alto no banco.

Como teria sido sua história se ele parasse por aqui? Ele teria ficado apenas rico, nunca bilionário. E como teria sido a história do Bradesco sem Amador Aguiar? Provavelmente não tão brilhante.

Mas, como ele não parou, começou a imprimir a sua marca no Bradesco imediatamente ao ser contratado como diretor-gerente, em 1943. Duas décadas depois, tornou-se presidente daquele que viria a ser o maior banco brasileiro por muitos anos. Liderança, honestidade, transparência, simplicidade e hábitos espartanos são atributos que sempre foram associados ao seu nome.

Segundo o escritor Paulo Coelho, "Os construtores podem demorar anos em suas tarefas mas um dia terminam tudo. Então param e ficam limitados por suas próprias paredes. A vida perde o sentido quando a construção acaba. Mas existem os que plantam. Estes, às vezes sofrem com as tempestades, as estações e raramente descansam. Mas, ao contrário de um edifício, o jardim jamais para de crescer. E, ao mesmo tempo que exige a atenção do jardineiro, também permite que, para ele, a vida seja uma grande aventura". Pelo que conhecemos do Bradesco hoje, Amador Aguiar plantou em solo fértil.

#MOMENTODEVANEIO: *Se você acha que a extraodinária trajetória profissional de Amador Aguiar é um caso isolado ou um ponto fora da curva, engana-se. Eu não o conheci pessoalmente, mas tive o privilégio de conhecer e trabalhar com outros banqueiros na época em que o dr. Amador estava à frente do Bradesco. O detalhe é que dois deles, de modo análogo, também iniciaram suas carreiras bancárias ocupando posições na base da pirâmide, como trainees. Ambos tiveram uma trajetória brilhante, coroando a carreira ao ocupar a presidência de um dos maiores bancos americanos com operações no Brasil. Um deles deixou sua marca como o principal negociador junto ao comitê de bancos credores da dívida externa brasileira, em uma conjuntura econômica muito delicada para nosso país. Antes, trabalhei diretamente com um outro presidente do mesmo banco, que é até hoje lembrado pela excelência de gestão e pelo seu legado. Em outro caso de carreira meteórica, esse presidente entrou no banco como trainee, chegou ao topo e tornou-se o primeiro brasileiro a ocupar um cargo de destaque no Brasil e na matriz do banco, nos Estados Unidos. Como se vê, é perfeitamente possível construir uma história de sucesso saindo do zero. A jornada não é fácil, exige muito trabalho, estudo, perseverança e determinação. E os exemplos estão aí para quem quiser conferir. Lição aprendida: acredite em você mesmo e saiba que é possível avançar além da confortável situação de ter dinheiro apenas para cobrir suas despesas. Explore todo o seu potencial financeiro, persevere nos seus objetivos e a riqueza aparecerá naturalmente. E o que é melhor: mais importante do que ficar rico no final é desfrutar a riqueza durante toda a jornada.*

PARTE 7

Uma palavra final

44 Mensagem para você

Não é todo mundo que sabe ganhar dinheiro e administrar as próprias finanças com sucesso. Os ricos sabem - e a ideia é que você também saiba. Não importa quanto dinheiro você tenha, R$ 1 mil ou R$ 1 milhão, o que você precisa, desde o começo da construção do seu patrimônio, é aprender a investir e a administrar seus gastos com sabedoria. Para isso, não é preciso ser um gênio das finanças, bastam estudo, foco e determinação.

Mas, se você tiver preconceitos com relação ao dinheiro ou desenvolveu uma mentalidade gastadora durante toda sua vida, terá que fazer uma lição de casa mais completa. Afinal, não existe almoço grátis e cabe a você cuidar do seu próprio desenvolvimento pessoal. Portanto, leia, estude e cerque-se de gente competente.

Lembre-se de que ficar rico é o primeiro estágio do seu projeto de vida. Você precisa permanecer rico e aprender a desfrutar da riqueza durante sua jornada. A riqueza não é um fim em si mesma, mas sim um meio de você conquistar o sucesso e curtir as coisas que lhe dão prazer e felicidade. O dinheiro pode ajudá-lo a crescer como ser humano, ao aumentar sua possibilidade de contribuir para a melhoria de vida de outras pessoas.

Você tem risco zero de que os ensinamentos aqui contidos não funcionem ou tragam prejuízo. Que mal podem fazer os conselhos para você conquistar sua liberdade financeira e aprender a administrar seu dinheiro com diligência? Assim, mantenha esse livro na sua mesa de cabeceira e releia-o sempre que puder. Melhor ainda, use uma canetinha marca texto amarela e risque e rabisque. Quando o livro estiver todo colorido, você vai constatar que algo mudou na sua vida. E então? Quais serão seus próximos passos?

Agradecimentos

Para escrever este livro, contei com a ajuda de muitas pessoas, principalmente da minha família e do núcleo de amigos mais próximos. Meus agradecimentos vão, em primeiro lugar, para minha esposa, Márcia, e meus filhos, Mariano, Bruno e Julio – pelo seu tempo, paciência e sobretudo pelas contribuições que, cada um a seu modo, deram para que esse projeto se tornasse realidade. Sou grato a Márcia por sua sensibilidade, assertividade e sugestões criativas, que tornaram a leitura desta obra mais leve e próxima do leitor. Agradeço ao Mariano, filho mais velho, por validar os textos sobre investimentos e pela ajuda com as simulações e cálculos envolvendo matemática financeira. Um agradecimento ao filho Bruno, por acreditar neste sonho desde o início e pelas suas contribuições ligadas à arte, ao design e ao conteúdo. Sou grato ao Julio, filho caçula, pelo apoio de primeira hora e pelo trabalho de divulgação, que está apenas começando. Agradeço ainda aos meus irmãos Fábio e Henrique Cirello. Fábio, ex-professor de português, me ajudou muito – e não apenas com a revisão do manuscrito. Muitas de suas sugestões ajudaram a melhorar o nível de compreensão de certos trechos do livro, tornando-os mais simples e elegantes. Sem o pragmatismo e a ajuda de Henrique, o leitor não teria acesso às ideias de Rolf Dobelli e de Robert T. Kiyosaki. Um agradecimento especial a Maira Habimorabi, por todo o apoio que me deu ao longo da jornada. Sem a decisiva contribuição de Maira, a seção "Invista na sua carreira" simplesmente não existiria. Sou grato ao Marcos De Callis, economista, por acreditar na minha capacidade de produzir um texto técnico confiável e sobretudo pela sua iniciativa de me apresentar o editor Mauro Halfeld, para quem vão meus agradecimentos finais.

Notas Bibliográficas

(1) **"Even Eagles Need A Push"** é o nome original do best-seller de autoria do escritor e consultor internacional de negócios David McNally. No Brasil, o livro foi lançado com o nome *Até as Águias Precisam de um Empurrão* pela Editora Equilíbrio. Nele, o autor fala de superação do medo como condição para viver bem e, por meio de uma jornada de descobertas, explica como alcançar a motivação e a inspiração para você obter o que deseja da vida.

(2) **Rolf Dobelli** é autor de *A Arte de Pensar Claramente.* O livro, lançado no Brasil pela Editora Objetiva, apresenta um olhar revelador sobre a psicologia humana e o raciocínio. O autor apresenta inúmeros exemplos do que ele chama de armadilhas do pensamento e estimula os leitores a evitar essas armadilhas e tomar decisões de modo mais eficaz.

(3) Além das informações de domínio público sobre **Mark Zuckerberg**, muito conteúdo foi extraído do livro *O jeito Zuckerberg de fazer negócios*, leitura obrigatória para quem deseja saber mais sobre o fundador do Facebook. A autora é Ekaterina Walter e o livro foi lançado aqui no Brasil pela Editora Saraiva.

(4) Informação sobre Warren Buffett não falta na internet. Mas, para quem quer saber tudo sobre ele de forma confiável, recomendo o livro *A bola de neve, Warren Buffett e o negócio da vida*, de autoria da jornalista Alice Schroeder. Ex-analista financeira especializada nas ações da Berkshire Hathaway, Alice Schroeder cativou Buffett pelo seu profissionalismo e acabou tornando-se sua amiga e biógrafa oficial. O título original do livro, na edição americana, é "The Snowball". A edição brasileira, com 959 páginas, foi lançada no Brasil pela editora Sextante.

(5) As informações sobre **Jorge Paulo Lemann** foram obtidas de fontes consideradas confiáveis, como por exemplo o livro *Sonho Grande*, escrito pela jornalista Cristiane Correa e publicado no Brasil pela Editora Sextante em 2013.

(6) Não há livros ou biografias autorizadas publicadas sobre **Joseph Safra**. As poucas reportagens que saíram na imprensa, particularmente nas revistas especializadas em economia, como a revista Exame, em sua maioria foram baseadas nas raras entrevistas concedidas pelo banqueiro. As informações sobre Joseph Safra publicadas neste livro são de domínio público e foram extraídas de reportagens em jornais e revistas e/ou obtidas de fontes idôneas (muitas delas conhecidas do autor) ou de pessoas que conviveram ou trabalharam direta ou indiretamente com ele e membros de sua famíla.

(7) **Eduardo Gianetti da Fonseca**, autor do livro *O Valor do Amanhã*, é um economista nascido em Belo Horizonte (MG), autor de numerosos artigos e livros. Formado em Economia e Ciências Sociais na Universidade de São Paulo, possui doutorado em economia pela Universidade de Cambridge. Atualmente é professor do Insper (Instituto de Ensino e Pesquisa), em São Paulo. *O Valor do Amanhã* é uma publicação da Companhia das Letras, impresso em 2005 e 2014.

(8) **O prof. Marcos Silvestre** é economista com MBA em Finanças e Controladoria pela Universidade de São Paulo. É autor do livro *12 meses para enriquecer, o plano da virada*. Possui um programa na rádio BandNews, o "Na ponta do lápis", no qual orienta os ouvintes sobre temas ligados a finanças, investimentos e planejamento financeiro pessoal.

(9) "Antônio Ermirio de Moraes, memórias de um diário confidencial" é o livro que melhor retrata a vida e a obra do **Dr. Antônio Ermírio de Moraes**. Foi escrito pelo Professor José Pastore, seu amigo e confidente e publicado pela Editora Planeta Brasil em 2013.

Mais alguns livros que você poderá gostar de ler:

(10) David Bach é autor de vários best-sellers que exploram os temas conquista da riqueza e independência financeira. Seus livros mais conhecidos são O Milionário Automático (The Automatic Millionaire) e Fique Rico, mesmo Começando Tarde (Start Late, Finish Rich), ambos editados no Brasil pela Editora Pensamento Cultrix.

(11) T. Harv Eker, é autor do best-seller Os Segredos da Mente Milionária, publicado no Brasil pela Editora Sextante. O título original do livro é "Secrets of the millionaire mind", uma obra lançada nos Estados Unidos em 2005 pela HarperCollins. Eker é um escritor, consultor e palestrante reconhecido por suas ideias relativas a motivação e construção da riqueza.

(12) Napoleon Hill é autor do best-seller "Think and grow rich", publicado no Brasil com o nome Quem Pensa Enriquece, pela Editora Fundamento.

Para você saber:

IPCA (Índice Nacional de Preços ao Consumidor Amplo) é o índice oficial de referência para o regime de metas de inflação calculado pelo Instituto Brasileiro de Geografia e Estatística (IBGE). Reflete a variação dos preços das cestas de consumo das famílias com renda mensal de 1 a 40 salários mínimos, qualquer que seja a fonte de renda, nas regiões metropolitanas de Belém, Fortaleza, Recife, Salvador, Belo Horizonte, Rio de Janeiro, São Paulo, Curitiba e Porto Alegre, além de Brasília e Goiânia.

Aviso Legal

Os textos deste livro foram escritos em caráter meramente informativo, com base em informações obtidas até 30/11/2015. Os dados aqui contidos foram retirados de fontes consideradas confiáveis, de acesso público - tais como livros, biografias autorizadas das pessoas citadas, internet, jornais e revistas especializadas em finanças e investimentos –, porém o autor não pode garantir a sua precisão e a sua veracidade. Tais informações estão sujeitas a alterações, seja pelas condições de mercado, seja por eventuais mudanças na legislação. Os dados, simulações, estatísticas, informações e aconselhamentos levaram em conta as condições do mercado no momento da confecção do livro e não podem ser consideradas orientação de investimentos ou recomendação de compra de serviços de terceiros. O autor não se responsabiliza por decisões de investimentos tomadas com base nos dados apresentados nem por perdas diretas, indiretas ou lucros cessantes decorrentes da utilização deste material para qualquer finalidade, incluindo, mas não se limitando, a realização de negócios, investimentos ou transações baseadas nestas informações. Antes de realizar seus investimentos, consulte seu gerente de banco ou seu consultor financeiro para atualizar suas informações e ajudar no seu processo de tomada de decisão.